U0591183

好课
的八大要义

徐丽莉 ◎ 著

天津出版传媒集团

天津教育出版社
TIANJIN EDUCATION PRESS

图书在版编目（CIP）数据

好课的八大要义/徐丽莉著. -- 天津：天津教育出版社,2024.1
ISBN 978-7-5309-9052-0

Ⅰ.①好… Ⅱ.①徐… Ⅲ.①课堂教学—教学研究
Ⅳ.①G424.21

中国国家版本馆 CIP 数据核字（2023）第 255069 号

好课的八大要义
HAOKE DE BADAYAOYI

出 版 人	黄　沛
著　　者	徐丽莉
选题策划	吕　燚
责任编辑	吕　燚
装帧设计	郝亚娟

天津出版传媒集团

出版发行　天津教育出版社
天津市和平区西康路 35 号　邮政编码　300051
http://www.tjeph.com.cn

经　　销	新华书店
印　　刷	天津融正印刷有限公司
版　　次	2024 年 1 月第 1 版
印　　次	2024 年 1 月第 1 次印刷
规　　格	16 开（710 毫米×960 毫米）
字　　数	200 千字
印　　张	12
定　　价	46.00 元

前　言

　　我们一直在思考和追寻好课，但何为好课？仁者见仁，智者见智。

　　好课要从"教"走向"学"。在以学生为中心的课堂上，学生在真实任务的引领下，或查阅资料，或专心思考，或热烈讨论，或动手实践……他们在解决问题的过程中，形成和发展应对未来社会的正确价值观、必备品格和关键能力。在以学生为中心的课堂上，教师的任务更多的是通过倾听、记录来收集学生的学习证据，从而评估学生是否达成学习目标。在课堂上，教师是倾听者、引领者和学生学习的支持者。

　　好课要从面向全体走向关注个体。高质量学习一定是个性化、差异化地给每个孩子最充分的支持和帮助。在这样的课堂上，学生被置于课堂的中心，教师能够设计符合学生身心发展规律和认知规律的真实任务，引领学生在做中学、在用中学、在创中学。在这样的课堂上，教师能够看到学生的真实困惑，能够对学生的困惑进行有针对性的精讲点拨，让学生的思维得到启迪，障碍点得以疏通，每个学生在课堂上都能够不同程度地成长和发展。

　　好课要从关注结果走向关注过程。在这样的课堂上，教师把目光放在每个孩子的身上，他们在观察学生的学习状态、学习行为和学习结果，并根据学习观察和学习评估，及时调整教学预设，让每个学生都能够得到最充分的支持和帮助。在这样的课堂上，教师允许学生试错，在试错的过程中，学生不断总结方法、积累经验，为后续的学习奠定基础。在这样的课堂上，教师甚至专门邀请有不同思路的学生上台展示，不管他们的观点正确与否，在教师巧妙的引领下，学生能不断突破原有的认知，并生成新的认知。

　　好课要从浅表学习走向深度学习。好课需要适当减少授课内容，教师不再带领学生投身于题海，而是给学生更多独立探索、深度思考和交流展示的机会。好课不是走流程的课堂，而是静水流深的课堂；好课不是蜻蜓点水、面面俱到的课堂，而是教透学懂的课堂。这样的课堂，不是教师牵着学生鼻子走，而是允许学生慢下来、深进去，在独立思考、小组合作、展示交流中培养思维品质，发展核心素养。

好课要从宽泛教学走向精准教学。高质量的学习一定要目标明确、任务清晰，学生做清晰明白的学习者。一堂好课，教师和学生心中都要装着目标，通过设计指向学习目标达成的评价任务，并清晰呈现评价任务，在学生理解任务、执行任务、展示交流中，不断收集评价信息，精准把握学生到底学到什么程度、会与否、掌握到什么程度，及时对教学进行反馈矫正。

好课要从碎片化教学走向结构化教学。知识是有结构的，结构化的知识可以帮助学生实现思维进阶。在这样的课堂中，教师关注的不再是零散的知识点、无休止的碎问，而是转为指向核心素养的大概念、大任务、大问题。通过搭建脚手架，带领学生一步步完成学习任务，达成学习目标，培养结构化思维。通过开展主题化、项目化、跨学科学习，探索课程的综合化学习。

好课要从封闭教学走向开放教学。把课程打开，整合有利于学生学习的所有资源，实现资源重组；把课堂打开，带孩子走出教室、走进生活；把评价打开，多一把评价的尺子，就多一名优秀的学生。

好课要从"眼中有课"走向"眼中有人"。好课首先是和谐、融洽的课堂，亲其师方可信其道，教师要站在学生的立场做教育，要学会激励学生，允许学生表达真实的自己。好课是着眼于学生生命成长的课堂，要从每个学生的成长需要出发，为其富有个性的发展创造空间。

目 录

专题一 从"教"走向"学"

从"教"走向"学"是课堂改革的必由之路。要坚持把学生的成长和发展作为课堂改革的出发点和落脚点，以学生在课堂上真实的获得感作为评价标准，引领教师从关注"教"转向关注"学"，从关注学习结果转向关注学习过程，让学生的学习真实可见，让看得见的学习给学生带来看得见的成长。

专题二　从面向全体走向关注个体

　　教育必须从面向全体走向关注个体，原因有多重。比如，个体差异的必然性、尊重个体权利、增强学生的学习动力和自信心、为社会培养多样化人才、促进教育公平等。从面向全体走向关注个体是现代教育的重要趋势，这不仅是为了提高教育质量，更是为了尊重每个学生的个性和权利，培养更多具有多样化才能和技能的人才，推动社会的创新和发展。

专题三　从关注结果走向关注过程

　　有活力的课堂一定是学生高度参与的课堂。要想课堂充满活力、学生喜欢，就要给学生创造参与的机会。学生从被动地学到主动地参与，课堂由学生做主，展现学生真实的学习情况，让课堂成为百花齐放之地。要给学生机会，让他们"讲"起来，让学生的思维在课堂上大放异彩，课堂改革就要从关注结果走向关注过程。

专题四　从浅表学习走向深度学习

面对复杂多变的现实世界，社会更需要具有综合素养的人。基于核心素养的"深度学习"课堂，是因材施教的、关注解决问题的、以学生为中心的、探究互动式的、注重目标和评价的……实现深度学习的课堂，学生启动高阶思维，获得对知识的真正理解，学会迁移知识、融合知识，解决各种问题，学会适应乃至引领未来世界的发展。

专题五 从宽泛教学走向精准教学

精准教学，就是在现代信息技术的支持下，在精准把握新课程标准和学生已有发展水平的基础上，遵循学科教学的科学规律，遵循学生的成长规律和发展规律，关注课堂教学效果，建构科学的教学结构，细化教学环节，促进学生在达成学习目标的过程中获得整合、协调、可持续的进步和发展，实现预期目标和完美教学结果的活动过程。

专题六　从碎片化教学走向结构化教学

结构化学习要求教师从碎片化的知识传授转向结构化的素养教学。结构化教学提倡大单元教学，以核心素养为导向，依托真实情境设计大问题、大任务，搭建"脚手架"分解学习任务，帮助学生把握知识本质，促成意义建构，学会方法迁移，培养学生的结构化思维，促进学生主动学习。跨学科的主题化、项目化教学越来越成为结构化教学的新趋势。

专题七　从封闭教学走向开放教学

开放教学坚持以学生为中心，注重学生自主学习能力的培养，鼓励学生主动探索和发现问题；注重多种教学资源的整合和利用，为学生提供更加多元化的学习资源；注重学生的合作学习和交流，鼓励学生与他人分享看法和经验。从封闭教学走向开放教学，旨在构建一个更加灵活、包容和多元化的教育环境，为每个学生的学习和发展提供更多的机会和空间。

专题八　从"眼中有课"走向"眼中有人"

教育者要更加关注学生发展、成长的趋势和学习体验，理解每个学生的独特需求和学习风格，包括提供个性化的学习支持、鼓励学生的自主学习和批判性思维、关注学生的兴趣和激情，努力创造一个有利于学生学习和成长的环境；更加注重培养学生的综合素养、创造力、批判性思维和问题解决能力。

专题一

从"教"走向"学"

　　从"教"走向"学"是课堂改革的必由之路。要坚持把学生的成长和发展作为课堂改革的出发点和落脚点，以学生在课堂上真实的获得感作为评价标准，引领教师从关注"教"转向关注"学"，从关注学习结果转向关注学习过程，让学生的学习真实可见，让看得见的学习给学生带来看得见的成长。

主题 1

读懂新变化是上出好课的前提

时代在变，育人的方式也应发生变化。就像著名教育家杜威所说："如果我们还在用昨天的教育方式教现在的孩子，我们就是在剥夺孩子的明天。"今天是校园里的学生，明天就是祖国伟大复兴的栋梁。我们应该如何培育好时代新人？新课标给我们的教育教学带来了新方向、新目标和新路径，只有读懂这些新变化，才能为上出好课奠定坚实的基础。

一、读懂教育改革的新趋势

新课标将"有理想、有本领、有担当"确定为义务教育阶段的培养目标。新课标的育人目标进一步明确"培养什么人、怎样培养人、为谁培养人"的问题，体现了党和国家对教育的基本要求。新课标更加注重学科素养的落地。每个学科在核心素养内涵的表述上都有所不同，但是学生修习一门课程后所形成的正确价值观、必备品格和关键能力却是所有学科的共同追求。

二、读懂教学改革的新变化

新课标给教学改革带来的变化，有以下三点。

一是课程内容结构化。新课标指出，要加强课程内容的内在联系，突出课程内容结构化，探索主题、项目、任务等内容组织方式。此变化反映了当前教育改革"从碎片化教学走向整体教学，从浅表化教学走向深度教学，从知识教学走向运用知识解决真实问题"的改革趋势。

二是学习方式实践化。在课程方案中，以往很多用"教学"表述的地方被替换成了"学习"，我们的教学正式走向"学为中心"的时代。"做中学、用中学、创中学"是新课标倡导的三种学习方式,旨在表明要以实践性学习方式为主,让学生在实践中学习、观察、思考、表达与应用。

三是学业质量标准化。学业质量标准精准地回答了学到什么程度的问题,可以让我们明确地知道带领学生到达哪里。高质量的学习需要融"评"于"教",将评价置于教学的全过程和学习链条的每一个环节。首先,找准学生的"最近发展区"制定具体、清晰、可观、可测的学习目标,明确我在哪里,要到哪里去;其次,设计学习任务和学习活动,明确"如何到那里",引领学生一步步实现学习进阶;最后,获取评价证据,即是否到了那里。通过评价量规(表),对学生的学习行为、学习结果进行评价。

三、读懂素养落地的新路径

如果课程标准的课程性质、课程理念、课程目标是方向引领的话,那么具体到教学微观环节,又该如何重构学习场景呢?

路径一:建设"学为中心"的课堂。从"教"到"学"是课堂教学改革的必由之路。坚持把学生的成长和发展作为课改工作的出发点和落脚点,以评价任务的设计与实施为突破口,以学生在课堂上真实的收获为评价标准,引领教师及时收集学生的学习信息、及时研判学生的学习效果、及时处理学生的学习疑难,让每个学生都可以实现"最近发展区"的跨越,从而提升学生在课堂上的真实获得感和幸福感。

路径二:探索大单元教学。大单元中的"大"字并不是体现在数量上,而是强调以一个主题或者话题为核心,整合学习内容,形成贯通学习情境、学习任务、学习活动和学习评价的整体学习规划。从理念层面,教师需要重构课程观、课堂观和评价观;从技术层面,教师需要掌握课标的分解技术、大概念的提取技术、课程内容的整合技术等。

路径三:开展跨学科学习。新课标中规定,每个学科不少于总课时的10%用于跨学科主题学习。跨学科主题学习的重点不在跨学科上,而在于把真实的问题引进课堂,通过有意思、有价值、有趣味的学习任务,助推学生在真实的问题情境中经历发现问题、解决问题的过程,发展应对未来真实世界的能力和素养。

课堂是育人的主阵地。教师不仅要转变育人观念，而且要将新课标中的新理念、新要求转化到教学实践中，落实到每一节课中。唯有一节又一节课发生变化，学校的教育生态才会发生改变，学生才能真正成长为未来社会需要的人才。

主题 2

从三张图分析学生的学习是如何发生的

长期以来，教师习惯于研究教材、教法，而忽视了对学生学习路径、学习流程和学习方法的研究，导致教师的"教"和学生的"学"不能同频共振，以致学习达不到预期效果。

一、从信息传递的维度分析学生的学习行为

从课堂信息的传递来分析学生的学习行为（见图1-1），从教师的"教"到学生的"学""学会""会学"至少要经过三次信息转化。第一次转化是从"教"到"学"，属于教师传递信息、学生接收信息的阶段；第二次转化是从"学"到"学会"，是学生加工、消化、吸收信息的过程；第三次转化是从"学会"到"会学"，是学生尝试运用新知解决问题、总结经验和方法的阶段。很多教师的课堂仅停留在第一阶段，即教师"教了"，而忽视了对第二次和第三次信息转化的指导，学生也就难以"学会"和"会学"。

图1-1 从信息传递的维度分析学生的学习行为

在第一次信息转化时，对于教师而言，需要关注自己的呈现和示范方式，帮助学生准确理解学习任务和学习要求，以便学生顺利开展学习；对于学生而言，需要有良好的倾听和思考习惯，能听清楚并准确理解教师发出的指令，为准确执

行任务奠定基础。在第二次信息转化时，教师要组织学生迅速进入学习状态，按照教师的要求迅速开展学习任务。在此阶段，教师是学习的观察者和指导者，观察学生的学习状态和学习表现，指导和帮助学习有困难的学生开展学习。在第三次信息转化时，教师要设计表现性任务，通过组内展示或者班内展示的方式，引领学生显性化展示学习过程和学习成果；教师要不断收集学生的学习信息，对学生的学习结果做出研判、分析和处理，然后针对学生的学习难点，进行有针对性的精讲点拨，帮助学生开展更有效的学习。

从以上分析可以看出，要想把学生的学习落实到底，关键是要从教师立场、内容立场转变到学生立场上，从期望"学会什么"出发，设计"何以学会""何以会学"的完整学习历程，让学生亲身经历知识探究、生成和运用的全过程，在这个过程中习得知识、掌握方法、形成技能、发展素养。

二、从行为主体的维度分析学生的学习行为

从课堂的行为主体来分析（见图1-2），教师的"教"、学生的"学"是构成课堂的两大要素。从教师"教"的视角来看，教师的主要任务是呈现任务、组织学习、评价学习和指导学习；从学生"学"的视角来看，学生在课堂上的主要任务是理解任务、执行任务、展示任务和矫正学习。这样就形成教师的教学行为链和学生的学习行为链，一节课就是由若干这样的教学链和学习链构成的。

图1-2 从行为主体的维度分析学生的学习行为

教学链的起点是呈现任务。呈现任务的目的是帮助学生理解任务，为学生准确执行任务做好铺垫。教师可以借助PPT，用尽可能简洁、易懂的语言呈现学习任务和学习要求；当学习任务比较复杂或者完成任务的要求很难用语言描述清楚时，教师可以选择现场示范、视频示范等方式，帮助学生明确如何执行任务。在常态课中，我们经常发现学生还未明确学习任务，教师就急切地让学生投入学习；而后发现学生执行任务有偏差，教师又不得不叫停学习，重新强调学习任务

及学习要求。这种"反复"会降低学生对教师的信任度，这种"反复"也会扰乱学生的正常学习。因此，教师思考的首要问题就是如何呈现任务才能帮助学生更好地理解任务。

教师要高效地组织学习。很多教师认为，把任务布置下去了，剩下的就是学生自己的事情了。殊不知，学生的学习也需要组织和管理。比如，要求学生背诵课文第三自然段。有的教师交代清楚学习任务后，就要求学生"自主背诵"——我们会发现5分钟、10分钟之后，背过的学生已经无事可做，没背过的学生也已经失去了继续背诵的信心。而有的教师是采取"限时自主背诵、同伴互查互促、教师抽查反馈"的方式组织学生学习——限时背诵体现的是对学生学习时间的管理，学生在规定时间内，以一种高投入的状态开展学习，学习效果往往比较好；同桌互查和教师抽查是对学生学习效果的管理，学生到底学到了什么程度，通过同桌互查互评，全班同学参与其中，这不仅仅是一种同伴间的互相评价，更是一种同伴间的互相学习；学生到底学到了什么程度，仅仅依靠学生的互查互评，教师是无法收集到准确而全面的学习信息的，这就需要教师邀请不同水平的学生进行展示，判断学生的学习情况。通过对比以上两种学习组织方式，第二种学习方式效果明显优于第一种。所以，不难看出学生的学习也是需要设计的。另外，教师还担负着矫正学生学习、反馈学生学习、指导学生进步的责任。

三、从学习方式的维度分析学生的学习行为

我们再借助学习金字塔图来分析学生的学习方式和学习效果（见图1-3）。这是一种现代学习方式理论，用数字形式形象地显示了采用不同的学习方式，学习者在两周以后还能记住内容的多少。学生常用的学习方式有听讲、阅读、视听、示范、小组讨论、实践、教别人等，其中学习效率最低的是听讲，学习效率最高的是教别人。在大多数教师的课堂上，教师教、学生听的现状仍未改变。因此，教师必须改变传统的教学方式，放手给孩子，允许孩子用适合自己的学习方式去探索、表达未知世界。

图1-3 从学习方式的维度分析学生的学习行为

学习效率最高的方式是"教别人"。陶行知先生说:"小孩子最好的先生不是我,不是你,而是小孩子队伍里最进步的小孩子。"山东杜郎口等学校所采取的"兵教兵"模式就是将学生按成绩划分成异质小组,成绩优秀的同学教成绩差的同学,优秀同学化身"小先生"为同学答疑解惑,从而提高学习效果。在这种组织方式下,对于当选的"小先生"而言,能极大地激发他们学习的内驱力,提高学习积极性,增强责任心和荣誉感。但是班级中只有极少数的学生想做"先生",其他大部分学生还是处于被动听讲的学习状态。因此,邀请更多学生做"先生"就成了我们要思考的问题。

佐藤学所倡导的"学习共同体"模式是四人一组,没有组长,学生之间不是"互相教"的关系,而是"互相学"的关系。四人小组中每个人都是平等的,每个成员都有发言的机会,每个人的观点都能得到充分的尊重。当其中一个学生发言时,其他学生认真倾听和思考,适时进行补充和质疑,学习思路愈加明晰,学习信息不断丰富。在一节数学课上,教师针对重点题目安排了一次"小先生讲题"的活动。首先,学生进入"独学"环节,学生安静审题、思考解题思路、独立完成解答。其次,进入"对学"环节,教师安排同伴之间互相讲题,学生们把自己的想法和思路讲给同伴听,每个人都获得了一次展示自己思路和学习成果的机会,每个人都获取了同伴的思路和方法。最后,教师随机抽查学生在班内展示,其他学生补充自己的不同看法,提出自己有疑问的地方。在整个活动过程中,每个学生既是"先生"又是"学生",在这种民主、和谐的氛围中,每个学生都得到了最大程度的发展。

从以上三张图可以看出，学生的学习是教师不能代替的，需要学生亲身经历。正如美国教育家苏娜丹戴克所说："告诉我，我会忘记；做给我看，我会记住；让我参与，我会真正理解。"这句话道出了有效学习的方式。

主题 3

走向"学为中心"的单元学历案

经常听教师抱怨："我教了好多遍了，学生还是不会或不懂。"很多教师有这样的体验，但是现象背后的真正原因，恐怕很少有人去追问和思考。从前文可知，第二次信息转化会直接影响学生的学习结果，因为没有进行信息的自我加工，学习不会真正发生。因此，教师的主要任务是聚焦学生"何以学会"，从"期望学会什么"出发，设计"何以学会"的完整学习历程。关于学生学习经历或过程的完整方案，就是学历案。

一、明确"学为中心"的含义

1. "学为中心"是指学生立场

教师要充分考虑学生的年龄特点、心理特点和认知特点，将学习内容与学生当下和未来的生活建立连接，赋予学习以意义和价值，激发学生的探究欲望和探究兴趣，引领学生主动探究问题、生成知识、建构经验。我们在听课的过程中，经常发现教师使用专业的教师语言授课，学生听不懂其口中一个个"名词"，也发现教师还在沿用二十年前的教学方式进行"单边"授课，这样的教学在学生眼中是无趣无味的，很难引起学生的真正学习。教师在设计教学方案时，要站在学生的角度思考学生的"已知""想知""应知"，选择适合学生的学习方式，思考学生的兴趣、困惑……站稳学生立场是有效教学的起点。

2. "学为中心"是指学习立场

教师的"教"是为了引起、维持和促进学习。在备课时，教师在分析课标、教材和学情的基础上，制定适合学生"最近发展区"的学习目标，围绕目标思考让学生学什么、怎么学；在上课时，教师要时刻关注学生，收集学习信息，研判学习效果，调整教学预设，确保及时解决学生的学习困惑；在课后，教师要引领学生反思一节课的学习收获，让学生明确学会了什么，还有哪些是不明白或者想探究的内容，持续引发学生的课后学习。站稳学习立场是有效教学的关键所在。

二、撰写单元学历案的 5 个关键要素

1. 叙写合理的学习目标

制定准确、清晰、可操作、可评价的学习目标，是构建有效课堂的第一要务，也是写好学历案的先决条件。一个完整的学习目标一般包括四个核心要素，简称 A、B、C、D 四要素。A（Audience）是行为主体，学生是学习的主体；B（Behaviour）是行为动词，即让学生学什么，必须表述得清清楚楚；C（Condition）是行为条件，让学生怎样学，指学习方式和学习路径等；D（Degree）是行为标准，主要指学生经过学习后，将达成的学习结果，也就是让学生学到什么程度。因此，判断一个学习目标学得质量如何，至少有三个关键指标，即目标中是否清楚地说明学生学什么、怎么学、学到什么程度。

比如，"学生能在图片和提示词的帮助下，用 3~5 句话准确描述公园里正在发生的事情"。在这个学习目标中，行为主体是学生，行为动词是"描述"，行为条件是"在图片和提示词的帮助下"，要达成的行为标准（结果）是"用 3~5 句话准确描述"。准确、科学的学习目标具有鲜明的导学作用，能够真正引发和促进学生的学习。

2. 围绕学习主题（单元）选择学习资源

学习资源的选择必须紧扣目标。教材是课程育人的重要载体，我们倡导教师

好课的八大要义

要用教材教，而非教教材。所以，教师在充分研读教材的基础上，可以结合具体学情，对教材内容进行适当调整、删减、增加或重组，使教材内容更加适合学生学习。教材并不是课程育人的唯一载体。教师可以根据单元主题，在充分考虑学生的认知基础和认知水平的前提下，为学生选择、补充其他学习资源，丰富学生的课程资源，以满足不同学生的学习需求。

3. 围绕学习主题（单元）确定单元大任务

当下的课堂中，"碎片化"教学屡见不鲜，导致学生的学习"只见树木，不见森林"。一是表现在教师"碎问"、学生"碎答"的课堂现象，二是表现在碎片化任务引领下的课堂教学。这两种教学方式直接导致学生的"碎片化"学习，学生不能在新、旧知识之间建立联系。由于学生学习的知识呈零散的状态储存在大脑中，因此在处理复杂情境中的问题时，就很难整合和提取信息，导致解决复杂问题的能力较差。而单元大任务是知识在真实情境下的综合运用，不仅强调单元知识的整合学习，而且强调单元知识的迁移运用。每一个单元，我们聚焦其中的一个主题，创设探究情境，设计单元任务，使学习内容结构化，让单元中的关键知识和技能相互联系，形成结构化思维或观念。

人教版语文三年级下册《赵州桥》，按照传统的授课方式一般首先从字词入手，进而赏析文章，终而思考、品鉴语文要素。这种教学方式就课文讲课文，学习内容没有与学生当下的生活建立联系，学习的趣味性和挑战性较差。而任务驱动下的语文教学最大的不同就是构建大观念、创设学习情境、设计单元任务。本课时的大观念是，围绕一个意思，把重要信息说清楚。教师围绕大观念，创设的学习情境是，校园广播电台"华夏文明传承人"栏目征集优秀作品；设计的课时任务是：围绕"美观"清楚介绍赵州桥。这样的设计既是对学习内容的最本质理解，又是知识、能力、素养三位一体的教育。

4. 围绕单元大任务设计学习任务链

我们把大任务拆分成子任务，步步进阶，最终使学生达成单元学习目标。因此，在进行学习过程设计时，常常"以终为始"进行逆向设计，即从学习目标和单元任务出发，进行逆向思考与设计。当逆向设计结束后，再进行正向推理，做到合理取舍，确保学习任务符合逻辑、适合学情、步步进阶。这里特别强调要设计有梯度的任务链。

人教版四年级语文上册《出塞》，教师设计的课时任务是"借助景物，悟诗情"。如何让学生完成任务？教师设计系列子任务——子任务1：读诗句，圈出诗中景物；子任务2：想象边关环境，并填空；子任务3：想一想，说一说，他们去了哪儿？子任务4：说一说古诗表达的思想感情。在大任务的引领下，教师通过四个子任务，带领学生经历了"悟诗情"的全过程，帮助学生顺利完成总任务。

由此可以看出，没有合理的子任务，学生的学习跨度大，学习目标就很难达成。

5. 围绕单元任务设计评价标准

传统意义上，评价主体往往是教师，教师常常对学生的学习结果进行评价，如"正确""非常好"等模糊的评价。从评价效度来看，这样的评价不能让学生准确评判自己到底学到了什么程度；从评价范围来看，这样的评价亦不能对全体学生进行评价。

胡水林老师说，会对自己的学习结果做出准确的判断，是一个人学习力的重要体现。因此，利用评价标准引领学生进行科学的自我评价就显得尤为重要。第一，评价标准必须是学生易懂、易操作的，可以采用学生能看懂的语言进行评价标准的描述；第二，评价标准能真正帮助学生做学习上的"明白人"，当学生依据评价标准对学习进行评价时，能清楚认识自己的真实水平：是会、不太会还是不会；第三，评价标准不仅指向学生的学习结果，而且指向学生的学习过程。例如，教师设计了四个解决问题类的评价标准，具体如下。

①能够依据情境，说出关键信息；②能够根据关键信息，画出示意图；③能够分析已知信息和未知信息的数量关系；④能够独立列式解答。很多学生对"解

决问题"这类题目思路不清，方法不明。针对这一现状，我们设计了引领学生解题过程的评价标准。学生根据评价标准可以总结出"找关键信息、画示意图、分析数量关系、列式解答"的学习路径和解题思路，充分发挥了评价标准的导学作用。

总之，学历案的开发与实施要遵循"学"的逻辑，站稳学生立场和学习立场，变"教"的课堂为"学"的课堂，帮助学生学得更有趣、有效、有意义、有价值。

主题 4

学习流程的再造：把学习的权利还给学生

学习是学生亲历亲为的过程，是学生参与情境，经历完整的知识发现、形成和应用的全过程。然而，在日常教学中，常常发现优生"霸学"、教师"替学"等现象，导致课堂出现"虚假学习""形式学习""浅层学习"等现象。导致这些现象的原因，一是长期以来教师更加关注自身的"教"，而忽视了学生的"学"；二是教师更加关注学生的学习结果，而忽视了学生的学习过程；三是教师将更多精力用于研究教材、教法，而忽视了对学生学习的研究。归根结底是教师不清楚学生的学习实际上也是需要精心准备和设计的。

在课堂上，学生的学习往往会经历独立学习、合作学习和展示学习等环节。独立学习是学生的自主学习，是学生尝试理解新知的过程。合作学习是学生之间交流观点，深化理解新知的过程。展示学习是学生在广泛听取同伴发言的基础上，批判性地分析不同观点，完善自己对新知理解的过程。没有独立学习，就不会发生高质量的合作学习。同样，没有展示交流环节，教师无法收集学生的学习信息，无法对学生的学习结果做出准确评估，无法对学生的后续学习做出精准指导。因此，自主学习、合作学习和展示学习是上课必不可少的三个学习阶段。

一、独立学习（独学）阶段

在"独学"阶段，首先，需要教师清晰地呈现学习任务和学习要求，从而帮助学生理解学习任务和学习要求。我们往往采取直接呈现的方式，让学生清楚地知道做什么、怎么做。有时候，直接呈现任务后，学生不理解，需要教师示范或演示，让学生直观地看到如何执行任务。只有学生清楚地理解了教师的指令，接下来的学习才是有效的学习。其次，需要教师给学生留足自主理解、消化和吸收的时间。学生们在这段时间或安静地思考，或动手实践，或出声朗读……这是属于学生的学习时间，这段时间的学习不应该被教师打扰或打断。最后，需要教师教给学生一些学习策略和方法，比如，用连续追问的方式"寻根溯源"；再如，用不同颜色的笔做批注或者标注学习疑问等。这些方法可以帮助学生提升学习品质，促进深度学习的发生。

二、合作学习（组学）阶段

学生带着"独学"的收获，进入"组学"阶段。"组学"的价值是促进学生之间"互学"的发生，学生在小组内相互交流、相互倾听、批判质疑、概括总结，在这个阶段，学生获得的不仅是知识，还有带得走的关键能力和必备品格，这是其他学习方式不能给予学生的。"组学"阶段需要一定的规则，比如"弱者先说，大家补充，强者概括，轮流代表小组发言"。这样的规则可以确保在课堂上人人参与，人人学习，人人成长。"组学"阶段还需要培养学生的倾听习惯和思考品质。教师需要引导学生及时记录讨论中生成的好的观点、思路和方法，把别人的智慧变成大家的智慧。"组学"阶段也需要警惕"假合作""假学习"现象。合作学习的任务不精准、要求不具体可能是导致课堂秩序乱、学习效率不高的主要原因。因此，要求教师在指导学生进行"组学"前，要给学生明确学习任务和学习要求，引领学生在小组内高效地学习和交流。

三、展示交流（展学）阶段

在"展学"阶段，学生代表在班级这个"大组"内进行交流和展示。大家要明白"展学"阶段不是个别学生的舞台，而是全体学生共同学习的平台。在这个阶段，若组织不好，课堂中会出现大量的"看客"，他们认为这个阶段的任务应该由负责展示的学生完成，与他们无关。此时的交流往往是"报幕式交流"，小组代表各讲各的，组与组之间没有任何交流与互动，学生参与学习的质量就会变低。解决该类问题的关键是教师要给学生明确"展学"的要求，一是由展示小组随机邀请同学发言，"请大家对我的发言进行补充"；二是由教师进行随机提问，"我有个疑问……请其他小组帮忙解答"；三是由其他同学进行质疑，"我的疑问是……请您继续解答"。这样一来，小组与小组之间、学生与学生之间、学生与教师之间的互动、对话和交流就发生了，课堂上的"形式学习"也就荡然无存。

在学生"独学""组学""展学"的三个阶段，教师扮演一个什么样的角色呢？教师是观察者。教师走近学生，观察学生的学习状态和学习表现，及时对游离于课堂之外的学生进行干预。教师是倾听者。倾听学生发言，了解学生的学习困惑，及时对学习有困难的学生或小组进行帮助。教师是点拨者。教师通过观察、倾听收集学生的学习信息，研判学生的学习结果，及时进行有针对性的指导。教师是学习的支持者。教师根据学生的学习需要，及时给学生提供方法指导、学习资源、学习工具，帮助每个学生在课堂上有所收获、有所进步。

当然，有效学习需要学生具备一些具体能力，比如会倾听、会思考、会交流、会合作、会质疑、会表达等。因此，培养高品质的学习者，需要关注学生以上这些良好学习习惯的培养。

主题 5

课堂观察的优化：从他评走向自评

课堂观察是听评课的一种范式，是教师研究课堂的一种方式或方法。课堂观察最初运用于教研组或学科组的听评课活动。由执教教师提出观课需求，由听课教师确定观察点和观察视角，制定课堂观察量表，及时、准确地收集相关信息，最终形成课堂观察报告，诊断教师的教育教学行为和学生的学习行为，从而提升课堂教学质量。

这是一种基于同伴视角的课堂观察。在实践过程中，我们发现这种课堂观察一是有利于教研组进行专题或主题教学研究；二是有利于诊断教学问题，帮助教师改进课堂中的具体教学行为。但是这样的课堂观察也存在一定的局限性：一是需要观察者接受一定的专业培训，具备相应的观察技能；二是会花费教师很多时间进行前期准备，若准备不充分，课堂观察的效果往往不佳；三是教师只能选择一个或几个观察点或课堂行为进行细致而深入的观察研究，不能全面观察其教学行为。要解决这些问题，需要从教师和学生两方面进行优化。

一、教师做自己课堂的观察者和诊断者

教师每天都在上课，其他教师不可能时时走进教室，对其教学进行及时观察和指导，这就需要教师具备自我观察、自我评估、自我调整和自我改进的能力。只有教师时时关注自己的教学效果，根据教学效果及时调整教学预设，才能确保课堂中的每个环节都是有效的。所以，在课堂上，教师不仅仅是执教者，更是学生学习信息的收集者、观察者、反馈者和指导者。

一是教师要善于观察学生的学习状态。比如，学生是否做好了学习准备，学生是否对课程内容感兴趣，学生是否遇到了学习困难，学生是否游离于课堂之外……通过观察学生的外显状态，可以初步判断学生是否愿学、好学、乐学。

二是教师要善于观察学生的学习行为。比如，观察学生的演算过程，可以推断出学生的思维方式和学习路径；再如，倾听学生背诵单词的过程，可以判断出学生是否掌握了读音规则、是否能根据读音规则识记单词；又如，通过观察学生的外显行为，可以判断学生是否在学习、是否会学习。

三是教师要善于观察学生的学习效果。教师要具备从学生的学习结果反观自己的教育教学效果的能力。教师不可能让全体学生都学会，但是可以观察是否有三分之二以上的学生已经学会。若大多数学生已经学会，那么这节课的教学目标就基本达成。剩下的极少数学生，可以通过课后单独辅导等方式，帮助其达成目标。当教师对自己的课堂进行评估，发现学生的学习没有达到预期的效果时，就应该及时调整教学预设，不妨让课堂"慢"下来，当学生顺利通过学习障碍时，再进行下一环节的学习。有的教师会专门挑选做错题的同学上台展示，师生在充分倾听的基础上"对症下药"，及时帮助每一个需要帮助的学生；还有的教师通过观察锁定不同解题思路的学生，然后邀请其上台展示不同的解题方法……这些都是建立在有效课堂观察基础上做出的教学决策。

二、学生做自己学习的评估者

一节课的学习结束后，教师问学生："你觉得这节课学得怎么样?"学生的回答往往是"还行、也可以"之类的模糊评价。很多学生不清楚自己哪些地方学会了，哪些地方没学会。这样的模糊定位不利于学生课后的巩固提升。长此以往，学生必定吃"夹生饭"，导致学习负担越来越重。因此，倡导学生也要做明明白白的学习者，学会精准评价、精准反思和精准改进。

一是制定明确的评价标准。完成任务后，学生能够准确评价自己的表现程度，如"知道、不太确定、不知道"，或者"能、不太确定、不能"。教师通过学生的自我评价就能准确判断出哪些学生已经达标，哪些学生还未达标。评价标准越直观，教师就越容易评判学生学习。还有的教师在课堂上为学生制作"绿牌"和"红牌"，"绿牌"代表过关，"红牌"代表不过关，便于教师迅速、准确地把握学情。总之，评价标准的制定要简单、易操作。

二是引领学生做好学后反思。反思是一种学习，也是一种能力。在课堂即将结束的时候，教师往往会带领学生进行"程序化"的课堂小结。学生的表现一般分为三种。第一种是罗列碎片化的知识，比如：我学到了哪几个新单词、哪几个新句型。第二种是教师引领学生用思维导图的方式将碎片化的知识通过整理、归类，形成新的结构化的知识体系，使新、旧知识的结合更加紧密。这种反思总结实现了对所学知识的深度加工。第三种是在总结所学知识的基础上，让学生写下自己的困惑和何以学会的策略等。其中，"我是怎么学会的"，是一个涉及元认知的问题，教师在这方面要加强引导，帮助学生说出或者写出自己是如何学会的。起初学生往往不会总结，教师要慢慢引导学生说出自己的学习策略，长期坚持下去，学生的学习能力一定能有所提升。比如，英语新授单词结束后，教师常常会问学生"How do you learn it?"学生会尝试总结拼读规则，并借助自然拼读法或者分音节法学习新单词；再如，四年级上册语文第一单元《美丽的大自然》阅读课上，教师要求学生总结感受自然之美的方法。

由此可见，课堂观察不仅是同伴之间的互相观摩、互相学习，也是师生的自我评估、自我诊断和自我改进。只有课堂评价由他评走向自评，教师专业发展的内生动力才能真正被唤醒，学生学习的内驱力才能真正被激发。

专题二
从面向全体走向关注个体

　　教育必须从面向全体走向关注个体，原因有多重。比如，个体差异的必然性、尊重个体权利、增强学生的学习动力和自信心、为社会培养多样化人才、促进教育公平等。从面向全体走向关注个体是现代教育的重要趋势，这不仅是为了提高教育质量，更是为了尊重每个学生的个性和权利，培养更多具有多样化才能和技能的人才，推动社会的创新和发展。

主题 1

未来教育的方向：面向个体的教育

在李希贵的教育随笔《面向个体的教育》中，有一个非常精彩的比喻："教师要像对待荷叶上的露珠一样，小心翼翼地保护学生的心灵。晶莹透亮的露珠是美丽可爱的，却又是十分脆弱的，一不小心露珠滚落，就会破碎不复存在。"联想到现在的教育，每一个学生就是一颗晶莹透亮的露珠，每个人都需要教师和家长的关心呵护。

一、教育是真诚，是因材施教

在学习的轨道上，每个同学都有自己的成长需要。在父母眼里，孩子就是最优秀的，是这个世界的中心。我们所面对的每一个学生，来自不同的家庭，有着不同的基因和生长环境，有着不同的兴趣和爱好，有着不一样的学习基础和能力，但是我们却用同样的标准和测试去考察、评价、衡量他们。孔夫子曾提出"因材施教"的教学方法，那我们反思自己的教学，有没有真正地去践行呢？

佳佳是一个文静又不失活泼的女孩，长得漂亮，人缘很好，但就是文化课的学习比较吃力，尤其是数学。高年级的活动比较少，在课业方面还是有一定压力的，所以佳佳整个人都显得很没有自信。一次偶然的机会，我了解到她的中国舞跳得非常好，于是就在活动课程中给她创造各种机会。慢慢地，同学们看到了她闪光的一面，佳佳也有了自信。栋栋是一个调皮的男孩，总是在老师不在场的时候制造一些"惊喜"。其实，他只是希望大家多关注他一些，所以时刻提醒大家他也是班级的一分子。老师特意给他挑选了一个班级最受欢迎的女同学做"小老师"，让他时时以优秀同学的行为做榜样。每当他有一点点进步的时候，老师和同学们都会真诚地表扬他、认可他，栋栋变得越来越优秀了！

其实当用爱和宽容去对待每一个学生的表现、对待他们的每一次过失，用真诚和鼓励的心态期待学生的每一次进步，用爱和赏识的目光去关注每一个学生的闪光点，让学生感受到教师是真正的爱他们，发自真心地去赞许学生的每一份成功时，我们就赢得了学生们的心，获得了教育的主动权。所谓亲其师而信其道，我们可以用爱温暖一颗冰冷的心，可以用爱使"浪子"回头。当学生感受到教师对自己是一片爱心和殷切期望时，他们就会变得如此可爱，因为他们的潜力是非常巨大的！

二、教育是宽容，是放手

很喜欢《放手才有更多的教育机会》这个内容中的一个观点——"不要把学生培养成和自己一样的人"。

每一个学生都是独立的个体，他们拥有自己独立的思想、个性和爱好，也终将会拥有属于自己的璀璨人生，在自己的位置上绽放属于自己的美好。他们不是机器零件，有固定的模式，教育应该为学生创造适度张扬个性的机会。所以放手也是一种教育，所谓放手并不是让学生放任自流，教师视而不见；而是要充分地相信并尊重学生，给他们更多的空间和时间、更多的选择和自由，让学生探索、观察、发现、思考、创造，体验各种活动的乐趣，同时教师要把握住大的方向，在各个方面给予指导。

在平时带班中不乏调皮捣蛋的学生，当他们犯了错误后，你是怎样的反应呢？是雷霆震怒，还是润物无声呢？不妨共情一下，当我们犯错误时，很有可能是没有预想到后果的，当犯下错误后，心里是非常忐忑的，非常希望有一个人能维护、理解一下。如果这个时候，教师就是那个维护、理解学生的人，那么学生会有怎样的感受呢？我想，更多的是对教师的感激之情，继而对教师产生敬畏之心。

陶行知先生有这样一段话："你的教鞭下有瓦特，你的冷眼里有牛顿，你的讥笑中有爱迪生。"其实这句话的意思就是让教师要学会宽容，给学生多一点宽容，那么他们就会多一点自尊和自省。宽容是让学生健康成长的必要条件，也是让学生感受到爱和友谊的先决条件；宽容也会给教师带来益处，可以让教师处理事情更加理性，让教师的工作从以智育为中心转变为以人为中心，造就一种生动活泼的、民主的教育，这正是现代教育所提倡的面向个体的教育。

三、教育是等待，是循循善诱

教育不是一下子就能看到结果的，需要从学生的细微变化中发现成长。教育需要调整好心态，小火慢炖，静待花开，只有这样才能回归到教育规律这条康庄大道上，才会走得顺畅自如。

辉辉是转校插班生，他既调皮又聪明，课上总能听到他别具一格的发言。但他的纪律问题令人发愁，不仅小动作多，闲话也多，甚至会影响周围同学的学习。我"感化"过他也惩罚过他，不管哪种方法效果都不好，坚持不了几天。有一次上课，他的老毛病又犯了，班长汇报说他不仅不认真听讲，而且和同学打闹。见他这样我很生气，刚要点名批评，转念一想每次批评都不见效果，想要改变他的行为必须改变处理这个问题的方式。于是我示意汇报的同学坐下，这时他还没有看到我已经在看他，还在那里打闹。可能是因为周围突然的安静，让他意识到了什么，他猛地抬起头看着我。当他发现我正在盯着他，并且环顾了一下四周发现同学们都在看他时，他低下了头。我没有讲话，而是用沉默来解决这个问题。足足坚持了一分钟，他依旧低着头，但是没有说话。我知道他心里肯定是有些忐忑的，知道自己错了。这时我也没有忙着上课，而是故意问他："辉辉，你有什么想对我说的吗？""老师，我上课再也不说闲话了，再也不闹了。"我很欣慰地对全班同学说："老师喜欢辉辉同学，他是一个知错就改的孩子。"

班级老师们都本着"不抛弃，不放弃"的原则对他展开了温暖的攻势。这是一个处于叛逆期的孩子，因为他是一名留守儿童，没有父母的关心，也没有朋友的陪伴，所以可以理解他有多么孤单。其实他心底还是很善良的，教师们本着先关心，后批评教育的原则，经过一个学期的恩威并施，在课堂上他开始能坐住了。只要有点进步教师们就立即表扬，强化这种有进步的行为。经过近半年的管理，他的自控能力提高了很多。

四、教育是信任，是建立自信

爱迪生是优秀的典型，一生发明的物品无数，他在年幼的时候求知欲很强，特别喜欢刨根问底。他会问一些看起来非常简单的问题，比如，"2+2为什么等于4"，各种奇怪的想法令教师们非常头疼，所以入校三个月就被勒令退学了。母亲对他是非常宽容且信任的，没有学校收留爱迪生，她就亲自教育孩子成长。为了帮助儿子建立自信，每天母亲给他讲天文地理、物理化学，充实知识、开阔视野，帮助他培养爱学习、爱科学的习惯。于是爱迪生的求知欲被保护下来并因此被激发起来，最终成为举世闻名的天才发明家。

由此可见，成功是源于自信的，周围人的赏识和信任，可以帮助树立自信心。如果父母都不赏识孩子，那么他的自信心从何而来？未来教育的方向是面向个体的教育，教师和家长需要转变观念，将主动权、话语权交还给学生，充分地信任他们可以自由飞翔。对于目前发展相对缓慢的孩子来说，我们要用放大镜去寻找他们的闪光点，帮助他们建立自信心。当孩子需要帮助的时候，我们就做他们强大的后盾，适时帮助，留有余地，绝不越俎代庖。

孩子在学习过程中需要亲身参与经历，自己动手获取知识，这种能力在人的一生中都是非常重要的。孩子们只有自己"跳一跳"，通过自己的努力获得成功，才能真正地体会到成功的喜悦，建立起自信心。

主题 2

课堂改革的方向：
看见学生的真实学习和真实困惑

想要看见学生真实的学习和困惑，就要让学生参与课堂。在新修订的义务课程标准中有这样几句话："有效的教学活动是学生和教师的统一"，"学生是学习的主体，教师是学习的组织者、引导者和合作者"，"学生的学习应该是一个主动的过程"。几句话言简意赅地说明了学生真实学习的指导方法。

想要让学生真正参与课堂的根本原因，并不在于学生是否愿意参与，而是在于教师如何从课堂的掌控者转变为课堂的组织者、引导者和合作者。教师的教学能力没有问题，重点是这种教学能力的转换。说白了就是要把课堂还给学生，让学生真正成为学习的主体。韩愈对师者的定义是"传道授业解惑"，当学生只是在认真地听教师讲，被动地接受知识，那这里只存在是否能够听懂的问题，学生自己没有独立思考，是没有困惑可言的。事实上，如果学生不能参与学习，那么教师的教是没有意义的，只有学生真正地参与学习，把学习中的疑惑表达出来，教师才能知道学生学到哪里、掌握到什么程度了，他们的问题出现在了哪里，这样学生才能实现从优秀到卓越的飞跃。

一、抓时机，促进学生生成问题

亚里士多德说："思维自惊奇和疑问开始。"这句名言揭示的是思维是力量之源。一位优秀的教师不仅要帮助学生解决学习中的问题，还应该抓住课堂中的一些时机，根据学生情况和教学进度，生成一些更加有利于学生成长的课程。

以数学为例，在数学教学中都会创设观察的情境，让学生通过情境进入学习活动，启发创新思维，实现有效观察、高效学习。比如，教学二年级的"认识方向"一课，根据教材的编排意图、学生的已有认知经验以及学校的情况，笔者对教学做如下设计：我们不拘泥于在教室上课，而是把课堂改到操场，先让学生根据已有的经验来确定东、南、西、北四个方位，对于判断困难的学生可适当提醒注意寻找参照物。然后让学生面向东面，找一找操场东面有什么物体，用同样的方法找一找操场的南面、西面、北面各有哪些物体。在返回教室的途中提问："从操场往教室走，是往哪个方向走？你是怎么知道的？"以此来巩固学生本节课获得的直接经验。回到教室后，让学生回忆在操场上看到的各个方位上的物体，然后把看到的各种物体的图片张贴到"校园平面图"上，一边贴一边说这是哪个方位、对应的物体是什么。最后在教室里找一找东、南、西、北分别对应哪里，并说一说各个方向上都有哪些物体。

专题二 从面向全体走向关注个体

学生在参与活动的过程中，经历观察、思考和操作等学习活动，对东、南、西、北四个方向的判断有了明确的认识。这时，再组织设计一个"同学说'我的东面是谁'，对应的同学站起来拍拍手"的游戏活动，就会使学生更精确地识别方向与位置的关系。看一看、说一说、想一想、做一做等学习活动，使知识学习与实践活动相结合，在增加学生学习兴趣的同时，还引导学生把语言、思维和动作有机结合，实现了学习价值的最大化。在整个教与学的过程中，学生在真实的学习观察中获得了知识，在真实的学习环境中解决困惑、理解知识，从而其思维能力、观察能力和语言表达能力获得了长足的发展。

二、建立平等关系，鼓励学生质疑

爱因斯坦说："提出一个问题，往往比解决一个问题更重要。"学生学习能力的提升，不仅体现在学科知识的掌握上，更体现在文化素养的提升上。这句名言揭示了教育的重要使命，教学要走出唯结论的怪圈，应该让学生在学习过程中学会反思，学会提出若干个"为什么"，这样学习才具有更强的生命力。优秀的教师善于在传授知识的同时，挖掘知识背后的文化要素及所承载的价值观，让学生获得心灵的洗涤。

所以教师在教学中要建立平等的师生关系，打造和谐的课堂环境，使学生敢于提出质疑、提出自己的困惑，让学习显现出应有的个性。

在教学"一个数除以小数"一课中，学生获得了"要计算除数是小数的除法，首先把除数扩大成整数，同时把被除数扩大与除数相同的倍数，把原来除数是小数的除法转化成除数是整数的除法，再用除数是整数的除法计算法则进行计算"。这样"灌输式"的教学会使学生很疑惑："在计算 $6.4 \div 0.35$ 时，为什么一定要先把 0.35 先转化成 35，如果先把 6.4 转化成 64 到底行不行呢？"课堂有了质疑声，才会引发新一轮的学习思考。我认可了学生的质疑，并告诉大家，我们就按照这个思路去试试。学生的学习兴趣高涨，但是很快就安静下来了。他们通过操作发现，先把 6.4 变成 64，那么 0.35 只能转化成 3.5，除数还是小数，还得继续转化，在计算时很麻烦。学生经过思考和验证，学习变得更加扎实，思维也变得更加严谨。

实践告诉我们，课堂中提倡学生质疑，如果学生能够真正地参与学习过程，敢于提出质疑，那他的学习必定是真实发生的，他的思维及自身的素养也会提升到一个新的高度；在学生的困惑中引领其多维度思考问题，那教学就会更加生机勃勃。鼓励学生别出心裁地思考、独树一帜地质问，学生的学习就会更加理性、富有情趣。

三、建立支架，给予学生引领

其实学生在很多时候是需要教师引领的。面对学生的回答，思路与众不同的时候，就要把学生回答问题的思路和创新的地方揭示出来。有时教师会特别欣赏某个同学的观点，因为别人没想到的他想到了，别人没有说出来的他说出来了，这种情况一定要及时表扬，把这个学生的观点和思维方式提炼出来，供其他学生学习。更多的时候我们面对的是需要鼓励的学生，对于这类学生要耐心地等待，不要吝啬赞美，不要看到学生结结巴巴回答不出来，就请他坐下。其实结结巴巴的学生才是特别需要教的，他为什么结结巴巴？也许是因为紧张，或是因为缺少思维支架，又或是因为缺少关键词的引领，这时教师的引导就特别关键。我们可以这样说："不要着急，慢慢说就可以，老师提示你几个词语，你再试一试能不能把这个问题讲清楚？"每个人能沉下心去思考、体验、感受、理解高品质的学习内容，并尝试去操作、实践甚至创造作品和成果，这是学习本该有的样子，更是学习共同体所追求的。

我们共同去尝试做一些改变，努力构建一个互相倾听的课堂，你会发现学生在课堂上会更关心伙伴，对学习内容有更深入的思考，表现出更强的求知欲和好奇心。他们所关注的不只是个人的世界，还会把周围人的世界都纳入视野和心中，每个人的世界都会因此变得更加广阔和明亮。

主题 3

学习方式的选择：
允许学生选择适合自己的学习方式

学生来到课堂学习的意义何在？那是因为靠单打独斗无法完成学习任务。对于这一点，相信有不少教师依然认识不清。填鸭式满堂灌、形式化的小组学习，依旧是目前普遍采用且低效的教学模式。教师或许希望学生积极地参与学习，却没有做到有意识地让学生积极参与同学互动、教师互动、教学内容互动等。笔者曾经阅读一篇杂志，看到一个"学生喜欢的学习方式有什么"的调查，结果是这样的：学生最喜欢的学习方式排在前三位的是实验、用电脑和读课外书。所谓实验，其实就是孩子的动手能力和亲身参与感，以及参与过程中与同伴的交流合作。

一、允许选择适合自己的学习方式

教师要教会学生自主学习的方法，培养学生的独立能力，允许学生选择适合自己的学习方式，并帮助学生选择适合自己的学习方式。教师的教学方式与学生的学习方式是存在差异的，没有哪一种学习方式会对于所有的学生来说都是最佳的，只有学生选择自己喜欢的学习方式去学习，才是最合适、最有效的。选择适合学生的方式很简单，主要就是学生感兴趣。在平时的教学活动中，培养学生的学习兴趣是非常重要的，教师要根据不同的教学内容、目标，结合学生的学情及认知发展规律，选择使用不同的教学方法，努力营造和谐、轻松、愉悦的学习氛围，让学生自主地参与学习活动。

二、帮助制订计划并督促实施

时间是宝贵的，学生应先学会安排自己的时间，将每天的时间分配合理，才能更高效地利用时间。让自己进入一个安静、舒适的环境，因为学习需要高度集中注意力。会学习的学生都会有计划地学习，更好地管理自己的时间。他们按照自己的情况制订计划，使目标可实现、有挑战性，并按照计划实现目标。

明明是一个五年级的学生，他非常喜欢数学。在数学课上，他总是能够迅速地理解教师所教授的知识，并很快完成作业。但是，他发现班上的一些同学并不像他一样喜欢数学，有些同学的成绩也不太好。于是，他决定自己动手，为班上的同学制作一份数学学习资料，帮助他们提高数学成绩。为了完成这个任务，明明先从数学课本中寻找到相关知识点，并用自己的话将这些知识点记录下来。然后，他在网上查找了一些数学学习资料，并将这些资料整理在一起，形成了一份完整的数学学习资料。他还编写了一些练习题，并将答案附在题后，以便同学们进行自主学习。

案例中的明明把这份数学学习资料交给了班主任，班主任看到这份资料后非常高兴，觉得这是一份非常好的自主学习资料。于是，班主任决定将这份资料分享给全班同学，在课堂上对这份资料进行了介绍，并鼓励同学们使用这份资料进行自主学习。通过自主学习，同学们的数学成绩逐渐提高。在课堂上，他们也更加积极地参与数学学习。明明也因此获得了班主任的表扬，并成为班上的学习之星。

三、关注个体差异，促其获取自信

在一间充满活力的教室里，每一个学生都应该是充满好奇心和求知欲的。他们对学习充满了热情，不断探索和发现新的知识领域。通过自己喜欢的方式开始学习之旅，用自己的方式学习，充分发挥自己的潜力。

有的学生喜欢通过实物操作来学习知识。喜欢用积木、纸板和各种材料来构建模型，通过实践来理解数学和科学原理。

有的学生热衷于参与课堂上的互动讨论。他们总是积极回答问题，与同学分享自己的见解和想法。在与同学的交流中，不仅锻炼了表达能力和沟通能力，还能从其他同学的思路中获得新的启发和想法。

有的学生热爱自我探索。他们对许多话题都充满了兴趣，会利用各种资源进行深入探究。通过自我探索，培养了独立思考和解决问题的能力，也发现了自己的兴趣和潜力。

有的学生勇于尝试新的学习方式和方法。他们喜欢进行实验、制作小发明和参与其他创新性的活动。通过这些实践任务，既锻炼了创新能力和实践能力，也加深了对知识的理解。

有的学生还通过情感体验来学习。他们通过阅读故事、扮演角色和体验情境来深入理解人文和社科知识。通过情感体验，培养自己的人文素养和社会交往能力。

有的学生善于视觉化学习。他们喜欢绘制图表、制作地图和阅读图表数据。通过视觉化工具，能够更好地理解地理、数学和其他学科的知识。

有的学生在课余时间喜欢玩一些教育性游戏和挑战性的活动，这些游戏化学习使学习过程更加有趣和动态。通过游戏化学习，学生在轻松愉快的氛围中吸收了新知识，提高了认知能力和技能水平。

还有的学生擅长制订学习计划，并根据计划进行学习。他们会自我管理、自我调节和运用学习策略，为未来的学习和工作打下坚实的基础。

不论哪种学习方式，学生都会从中获得自信和成就感。不论选择何种学习方式，归根结底都是要引发学生的主动思考，让学生获得学习本身的乐趣，真正地参与学习。每一个学生都可以通过多种学习方式来发挥自己的主观能动性，提高学习效果。作为教育者，教师应该关注每一个学生的个体差异和学习需求，提供丰富的学习资源和机会，以促进学生的全面发展和自主学习能力的提升。

就如李希贵说的那样："不同的学习内容应当选用不同的学习方式。"比如，在语文教学的课堂上，以趣味性材料来创设问题情境可能就会更加吸引学生。对于同一个问题，如果教师所提供、创造的问题情境不同，学生也会产生不同的心理情境，进而达到不同的教学效果。这样可以使学生不由自主地走进教学内容的情境中，积极主动地思考、寻找解决问题的方法，从而有利于学生主动参与，提高学生对教学内容的理解。

正如新课标中所描述的"认真听讲、独立思考、动手实践、自主探索、合作交流都是学习的重要方式"，"慢即是快，少即是多"，这些是学习的重要规律。

学生才有可能去感受、理解、思辨；才能让学生有机会用自己的方式突破困境；学生才能向知识的纵深处探索；教师才能真正去理解、发现和支持学生的学习。而慢下来则需要对教学内容进行精简，需要对知识内容进行深挖，需要问题设计得精致化，这就是"少而精"的艺术，需要教师专业上的自我修炼。与"风风火火"追求表面的高效率相比，学生真正理解学习内容、掌握学习方法、增强学习兴趣才是更为重要的，这样才能培养学生的核心素养。

主题 4

育人心态的转变：
允许学生按照自己的节奏学习

如果问哪种学习方式最好，不用多说，每位教师心里都跟明镜似的。但事实上，很多教师是不愿意改变的，为什么呢？因为还没有那种甘做学生的胸怀和担当。教师如果总是从成人的角度去观察发生在学生世界的很多事情，就会觉得很多事情都不可思议。优秀的教师总是爱刻意模仿学生的语言和动作。事实上他们是在揣摩学生的心理，在密切关心学生的喜怒哀乐，和学生融为一体，以便更好地与学生沟通与交流。教育家杜威早在 100 多年前就已经说过，当教师和学生的位置换一换（教师成了学生，而学生成了教师）的时候，那么最好的教育就发生了。

一整节课全部由教师讲解，这种情况叫作"满堂灌"。这种方法的弊端有很多，没有给学生提供自由学习的机会，学生不会按照自己的节奏学习，更不利于学生主体性的发挥，也扼杀了学生的创新精神与实践能力。比如，在语文课上，有的教师从上课讲到下课，把课文肢解得支离破碎，分析了再分析，生怕学生领会不到作者的意图，生怕自己漏讲了什么知识点。这个时候，学生犹如提线木偶在下面坐着，整个课堂中教师才是主角。根据新课改的要求，教师的角色更应该是导演、向导、教练、陪读，让学生去唱主角，去体验、感悟，按照自己的节奏学习，这样才会有利于提高教学质量，更有利于学生真实学习的发生。

一、设身处地为学生考虑

在平时的教学中，教师经常为了完成教学任务而按照自己的节奏去上课，很少照顾到学生的接受度。如果出现了学生和教师不同步的情况，教师往往会采取包办来解决。长此以往，学生发展就会不均衡，学困生就会越来越多。教育是一定要让学生真正地参与科学的探究过程。要想让学生真正地参与，就要允许学生选择适合自己的方法学习。有的教师的课看起来非常完美，学生的配合度很高，貌似很成功，但其实更多的学生都是在被动地听。在有碰撞的课堂、有"问题"的课堂，学生才能真正地参与到学习中去。因为只有亲身经历这种探究的过程，才会发现问题、解决问题，从而提高思维的高度，才能更加有利于学生的自主学习。

让学生去参与课堂，看似非常浪费时间，很多时候会影响教师的上课进度。但实际上，这种做法会给学生带来成就感和愉悦感，会让学生真正地爱上课堂。这不正是我们教育所想要达到的效果吗？其实很多教师不是不想让学生参与到课堂中，而是真正需要参与的课堂是需要教师花费大量时间和精力去准备的。课前的用心（教具、学具的准备）、课程中的精心（指导学生活动），以及课后的费心（整理各种器材甚至要打扫卫生），这些都是一名有教育情怀的教师才能具备的。其实不论怎样去设计课堂，只有真正设身处地为学生考虑，帮助学生选择适合自己的学习方式，我们的教育才不会让学生感到厌烦，才会让学生对学习充满兴趣，让教师精心准备的教育教学设计落到实处。

二、让学生在自己的节奏中学习

最好的教育就是让学生获得学习本身的乐趣。在教学中，教师要发挥情境教学的作用，引发学生思考。情境的创设具有各种各样的方法，要针对不同的科目、学段，选择不同的情境。

对于低年级的小朋友来说，他们比较喜欢新奇、有趣的事物。在小学数学课堂中，教师在教学"统计"的时候会创设情境——小动物到大象家过生日，客人们都戴着面具，让学生猜一猜是什么动物，然后揭开面具进行登记。学生在好奇心的驱使下，不知不觉就会走进对新知识的探索中。教师在教学《元角分的认识》的时候，创设超市的生活情境，学生分组活动，每组都有售货员，小组成员会模拟在超市购买东西的过程，在实践中学习使用人民币。

发挥情境创设的作用，让每个学生都在自己的节奏中去学习，在与小组同伴的合作交流中选择适合自己的学习方法。在课堂上，很多时候教师提出问题后，学生不会回答。原因是教师没有给学生留出充足的思考时间，而是不断重复问题或忙着启发。学生在教师的牵引下会非常忙碌，却没有深入思考。表面上课堂气氛活跃，而实际上是走进了烦琐而肤浅的一问一答的圈子中。教师在教学中应该按照学生自己的节奏，提问后给学生留一些独立思考的空间，让他们潜心读书、深入思考。对于课堂上一些有深度、有难度的问题，在提出后让学生进行热烈的讨论。答案不需要千篇一律，哪怕是出现错误，教师也不需要立即给予评价。教师应该给学生多留出一点时间，把机会和任务留给学生，让学生按照自己的节奏冷静思考，寻求更多的思考成果。

三、教是为了不教

叶圣陶先生说过，教是为了不教。假如教师自己占用了课堂的全部时间去分析讲解，那么要如何锻炼、培养出学生的能力呢？教师只有在教学中充分发扬民主，使学生经过自己的努力获取知识，真正把课堂还给学生，激活其自信、尊严、胆量、热情，他们才会体验到成功的快乐，才会有成就感。

特级教师于永正在教学《倔强的小红军》一课时，是这样安排的：首先，向学生宣布第一个任务，谁想读课文，谁就站起来大声朗读。起初学生零星地站起来，逐渐地，全班学生都站起来朗读。其次，看大家读足了，于老师又说，谁认为自己在班里朗读得最好，谁就站起来朗读。一句话激发了学生们读书的热情，很多学生争先恐后地站起来朗读。最后于老师说，你认为哪段课文写得最精彩，你就站起来朗读哪段，读完了再说说这段为什么精彩。学生们又纷纷站起来读、说，于老师适当地点拨。就这样，学生们读读说说，一节课就这样结束了。

整节课，于老师几乎没有怎么讲解，只是偶尔点拨几句，他很注重学生的自读自悟。在整个课堂中，学生自己掌握着学习节奏，跟随教师的教学进程，唤醒内心的学习动力，激励和鼓舞自己积极参与课堂。

新课改实施以来，改变注入式教学、提倡启发式教学的理念成为越来越多教师的共识。启发式教学并不是简单的提问。那么，什么是真正的启发式教学呢？"启发"这个词最早出自孔子的"不愤不启，不悱不发"，意思是不到学生想弄明白的时候不去开导他，不到学生说不出的时候不去启发他。启发式教学是能够从真正意义上体现学生的主体地位，调动学生的主观能动性，引导学生独立思考，以提高学生分析问题和解决问题能力为目的的教学模式。只有学生的思维处于活跃状态，在教师的启发下不断地闪出智慧的火花，学生经过自己的努力去弄懂知识，才能真正有利于学生成长。师生是一个丰富的发展整体，具有能动性和多种发展的可能。教学的本质就是一种交往活动，教师是教与被教，学生是被教与教，两者相互教与学，构成了学习的共同体。教师摆好自己的位置，允许学生按照自己的节奏进行学习，努力为学生的学习创造一种民主氛围，有利于培养学生敢于质疑、勇于批判的科学精神。学生本身就是一种教育资源，教学过程中杜绝边缘学生的存在，尊重学生的自我、自主与自动，鼓励学生张扬和发展个性。允许学生用自己的节奏学习，肯定学生精神生命的独立性。把学生教成了教师，就达到了教育的一种境界。在新课改引领下，教师在教育中不越位，调整好自己的育人心态，真正把学习的舞台让给学生，让学生真正成为学习的主人，才会大大增强学习主动性。只有把教育观念与思想根源进一步厘清，才能在行动中正确落实。

其实教才是最好的学，每个人都有自我实现的需求。在教的过程中，优秀的学生会得到极好的锻炼，从而反思自己学习上的不足。在学生交流过程中，会互相学习、共同进步。而对于学困生的交流要从情感培养入手，激发学困生自身的学习兴趣，帮助他们树立自信心，相信别人能做到的事情自己也能做到。在日常教学中，所有学生都跟随同一个进度，实际上很多学生没有跟上教师的节奏，所以才会被落下。在这种教与被教的过程中，不同层次、不同能力的学生均会找到自己学习的节奏、切入点和优点。同时，在互相交流的过程中，也能有充分展示自我的机会，进而进入深度学习。学习是一个持续不断的过程，需要坚持不懈地大量读书、不断反思、持久创新，才会将所学融入血液，信手拈来，运用自如。

主题 5

课堂评价的目的：
让每个孩子都能看到生命的光亮

每一所学校就像一个美丽的大花园，每一个孩子如同花园里含苞待放的花儿，他们会在自己的花期开出最美的花。但是，也有那么几朵花儿会"任性"地缓慢开放，这些园丁都会看在眼里，他们努力寻找症结所在并对症下药，是绝不会让其自生自灭的。我们坚守与坚信：每一个生命都能发出独特的光亮。

一、发现学生的闪光点

曾经有人说："教师不经意的一句话可能会改变一个孩子，有时不经意的一个眼神也许就会扼杀一个人才。"

在日常教育中，我经常告诉学生："老师相信每位同学身上都有自己的闪光点。"记得有一次，我刚说完这句话，有个学生就脱口而出问我："老师，我的身上有闪光点吗？"我顺着声音看过去，发现他的眼神中充满了期盼，脸上也露出了疑惑。于是，我马上对他做出了肯定，告诉他，你的身上有很多闪光之处，你热爱劳动、乐于帮助同学，还有诚信的可贵品质。

在平时的教学中，教师大多有一个固定的评价标准，即那些安静、听话、守纪律的孩子会经常得到表扬，而那些调皮、违反纪律的学生会经常受到批评。有些孩子过于活泼，如果经常受到教师的批评，就会受到同学们的冷漠与疏远。教师越是这样处理，越是会有孩子告他们的状。

其实每个孩子都有自己的爱好、特长、气质，有自己不同的想法、行为，教师在教育中应该有意识地去挖掘每个孩子的优点。尤其是那些活泼好动的孩子，一定要有意识地让他们感受到自己的闪光点，把他们的长处展示出来。教师也应该及时地给予表扬，让其他孩子都知道他们除了调皮，还有很多优点和长处，让其他孩子有一个较为客观的认识。坚持以正面教育为主，让每一位同学都看到生命的光亮。

二、帮助孩子拥有特长

笔者在读书的时候，班里有一位同学除了成绩好，如果站在旁观者的角度来看的话，可以说是一无是处。其身体素质差，又不擅长与人交往，要么学习，要么看课外书，连家人都说他四体不勤、五谷不分。可是仅仅成绩好，爱读书，作文好，就让这位同学的生命始终保持一份骄傲，甚至觉得"天生我材必有用"。

对于一个好孩子来说，最优秀的地方是什么呢？可能是某一门功课特别好，也可能是所有的功课都不好，但是其擅长跆拳道或舞蹈，又或者他写字特别好看。只要提到某个领域或某件事，他就超级自信，脸上充满了光彩，这就是他的骄傲，脸上有光，生命才有光。

但也总有家长认为孩子成绩不好，都是因为受其他因素影响的。所以会停掉孩子的各种特长班，把时间放在教材的学习上。其实笔者不太赞同这种做法，孩子成绩不好，不是因为他学了其他的特长。停止了特长班的学习，也无法让孩子的成绩变得更好，可能会引起孩子的叛逆，甚至会让孩子的成绩变得更糟糕。即便停掉特长班之后，在成绩上有了一点点进步，这种进步也只是暂时的。对于孩子来说，得不偿失。

我们没有权利去剥夺孩子们的热爱，去抹杀他们的闪光之处，孩子的特长可能与天赋有关。孩子在天赋领域会比同龄人有更多的优势，但是如果没有这种天赋，那么可能就需要去学习，去接受某方面的训练，所以他才会比同龄人更强，从而获得自尊，并不断地强化自己的优势，从而让自己的生命闪现光芒。

怎样帮助每个孩子都有一项自己的特长呢？如果班上有这样一个孩子，他什么也不行，我们该怎么帮助他呢？实际上，根本就不存在这样的孩子，没有孩子是什么都不行的。如果你认为孩子什么都不行，往往是因为你在看待生命的角度时评价他们的方式过于单一。比如，你只看中学科成绩。在应试教育的背景下，很多孩子是没有被看到的，他们是没有光亮的。

但是一旦我们察觉到生命是丰富多彩的，是可以多元化的，生命是有无限可能性的，那么这个时候我们就会明白，我们的思想还是匮乏的。思想的匮乏就意味着精神的匮乏。我们的使命是保持课程的丰富性，我们要给孩子提供更多的发展舞台，课程不能浓缩为所谓学科课程，变为应试教育。我们的舞台要更广阔，比如，一些舞台剧、演讲，包括校园里各种日常活动，当然还包括丰富的户外活动，要在教师的帮助下，让不同的孩子都有机会来表现出自己的能力，直到他从中得到自信，发出光亮。

三、多用赞赏性、激励性评价

在课堂上，教师幽默风趣的评价语言，可以使教学信息的传递更加通畅，可以敲开学生心灵的大门，使学生在笑声中欣然接受评价，让学生以愉悦的心情去主动、积极地学习，从而活跃课堂，为教学增色。在课堂教学中，适时地运用幽默的评价，会让学生情绪高涨、乐于接受，同时课堂气氛也会变得活跃。哪怕学生的回答出现了错误，用风趣幽默的语言加以引导、帮助，就会避免学生的尴尬，维护了他们的自尊，学生在认识到错误的同时，不仅对教师更加亲近，还会更有信心地投入学习。

一节作文课上，学生在自由朗读例文的时候，突然天色变暗，天空中飘下鹅毛大雪。学生们的视线几乎全部转移到窗外，只有子涵和恩瑞等几名同学在聚精会神地读着。于是，授课教师灵机一动地说："同学们，这场大雪在为我班的子涵和恩瑞等同学祝福呢！你们看他们看得多么认真呀！竟然没有发现窗外世界的变化。而你们呢，对外面的大雪很感兴趣，咱们把这节课上完，下节课我们上节观察课，满足你们的好奇心，好不好？"这时学生又积极地朗读起来，不知不觉中又形成了一个读书高潮。

可见，教师应该根据突发情况，临时调整原先预设的教学流程，巧妙应对，随机评价，会得到意想不到的效果。因此，教师课堂教学评价语言应因境、因事、因人而变，用自己内在的语言魅力，创造性地对学生进行评价，激励学生积极地参与课堂教学活动，使教学达到令人难忘的境界。

在课堂教学中，对于来自学生的反馈信息，教师要善于巧妙地点拨、引导。比如，学生读书时可以这样评价："古人说，读书时要做到眼到、口到、心到，我看，你们今天达到了这个要求。"读完后可以说："读得非常响亮、流利，如果将速度再放慢些，并掌握语气，同学们会更佩服你的，继续努力！"教师机智地运用教学评价语言的导向性，能成功地使课堂更加精彩。

记得我班上的一个比较内向的学生，不喜欢跟别人沟通，上课不听讲，回家就看电视、玩手机。在学习"20 以内的加减法"时，我有意识地让别人回答"9+6"的计算方法，紧接着让他回答，他回答错了，全班哄笑，我马上制止，说："飞飞刚才没有认真听，他如果认真听，肯定会。我再找一位同学说一遍，你可听好了。"还是同一个简单的问题，让另一个表达清晰的同学回答，紧接着让他回答。这一次答对了，我及时表扬他："恭喜你，答对了！看我说的没错吧。认真听讲的你是最棒的！"这下可把他乐坏了，憨厚的脸上露出自信的笑容，有一种从未有过的成就感。从此，他上课听讲认真多了，性格也开朗了很多。

在学生的课堂行为表现中，应多发现肯定的东西，把握时机及时表扬。有时，教师的几句赞赏性、激励性的评价会让学生兴趣大增、信心十足，有着不可估量的作用。

当然，表扬也需要把握好尺度。教师激励性语言的轻重，直接影响着激励性评价效果的大小，理论与实践都证明，激励性语言的强度与效果呈抛物线形：开始两者之间成正比，在达到一定高度后，效果则自然减退。所以，在以激励性评价学生主动、积极地参与学习时，初始阶段的激励性语言的强度可以大一些。特别是针对某些学习主动性不强、积极性不高的学生，即使他们取得点滴进步，也要以较大的强度给予激励。

一定时间内激励性评价的次数要适当。太少，对学生情感触动轻微，起不到激励性评价的作用；太多，容易使学生不以为然、漠然视之，形成疲沓的心态。对于学习主动性强、积极性高的学生，激励性评价的次数要吝啬，只有在其取得较大成功时才给予充分的肯定，使其感受到获取激励性评价的不易，从而努力投入以获取激励性评价。而对那些平日学习较为懒惰，少有主动、积极地参与学习的学生，给予激励性评价的次数可以多些，此时教师千万不要吝啬激励性评价。

激励应该选择在最佳时机。"赏不过时"，而这个最佳时机就是要及时，激励性评价也是如此。及时的激励能够影响学生的学习情绪和参与热情，让学生不断获得前进的动力，在自信中走向成功。当学生全身心投入学习并取得成功时，教师及时的激励性评价正是对他们学习成果的赞许与肯定。而这种肯定，特别容易满足学生要求尊重和实现自我价值的心理需求，也就更能激发他们继续主动、积极投身学习的情感，让每一个学生都能看到自己生命中的光亮。

专题三
从关注结果走向关注过程

　　有活力的课堂一定是学生高度参与的课堂。要想课堂充满活力、学生喜欢，就要给学生创造参与的机会。学生从被动地学到主动地参与，课堂由学生做主，展现学生真实的学习情况，让课堂成为百花齐放之地。要给学生机会，让他们"讲"起来，让学生的思维在课堂上大放异彩，课堂改革就要从关注结果走向关注过程。

主题 1

我的课堂我做主

在教学过程中，首先要弄清楚：课堂是谁的，谁才是课堂的主人。当弄清课堂的主体时，才会将课堂还给真正的"主人"。

传统的教学往往都是以教师的"教"为主，这样容易出现"满堂灌"的现象，学生会处于被动接受的状态。现在，新课堂教学模式要求教师转变教学观念，把课堂还给学生，真正发挥学生的主体作用，培养全面发展的学生。

那么，在教学中，如何体现学生的主体作用，使学生成为具有鲜明个性的学习的主人呢？这就需要做到"我的课堂我做主"，让课堂成为学生的阵地。

"今天我们学习《黄山奇石》的生字词，小老师在哪里？"课前三分钟讲故事环节结束后，我和孩子们开始进入课堂。

我一直这样认为，二年级的课堂是活跃的。这不，当我问"小老师"在哪里时，一双双小手瞬间举起，我们班标准的举手姿势展现眼前。我心里欢喜着，小老师们便依次走上讲台……讲的人未必讲得透彻，听的人未必听得明白，但就是因为"我""我们"参与了，学生成了课堂的主宰，所以"解放"了教师，也让学生喜欢……

有不少教师可能会有"课堂上学生就是在听"的状态，整个课堂需要教师不停地组织纪律、活跃气氛。其实当教师把课堂真正还给孩子，让孩子真正做到"我的课堂我做主"、我的课堂听"我"讲，即使其中不乏纰漏，但孩子们依旧期待、依旧渴望。

那么作为教师，如何才能让孩子们成为主角，真正成为课堂的主人呢？

专题三 从关注结果走向关注过程

一、学会放手

过去的课堂，就是"一言堂""满堂灌"，学生处于被动状态，自己的主体地位没有得到发挥，学生的积极性就不会得到激发。知识不是"灌"进去的，课堂不是教师的，教师不是课堂的主角，学生也不是"跑龙套"的，这样就不会出现"不会学习，老师教""不愿学习，强迫学"的现象。把课堂变为学生主动学习、主动探究的地方，教师成为学习的引领者、指导者，学生成为课堂的主人。课堂的地位发生了变化，师生的观念发生了改变，那么，课堂才真正意义上实现改变，学生的主体地位得到体现，学生的积极性被激发，学生个性的发展才有实现的希望。课堂上，有学生疑问的声音、讨论的声音、研究的声音，甚至是争得面红耳赤的声音……学生真真切切能够表达自己的心声，定会积极参与其中。当然，从外观来看，这样的课堂无疑是凌乱的，但学生却乐在其中、学在其中、提升在其中。在课堂上，教师放手让学生自己去寻找学习的支点，就不会出现填鸭式地把知识硬"塞"给学生的现象。日久天长，学生在课堂上主动性强了、积极性高了，这样的课堂无疑是充满活力和内驱力的！

二、适合自己的就是最好的

在教学中，适合自己的就是最好的。比如，语文，古人云"书读百遍，其义自见"，所以语文课堂上不同形式的读就显得尤为重要。但是学生在读的时候，教师相机而领也很重要。根据学生读的情况，教师进行必要的引导，学生掌握了方法，再读就会"事半功倍"，而且会"学以致用"，因为语文就是听、说、读、写的结合。"授之以鱼，授之以渔，授之以渔场"，教师在课堂上，不仅教给学生知识，更重要的是教给学生方法，同时还要提供场所，让学生学到、会学、有地方学。有道是"教学有法"，但"教无定法"。

在教学过程中，适合自己的、适合学生的教学方法，就是最好的。但是笔者认为，方法的灵活运用，首先是教师要熟悉教材，能够跳出来上升到一定的高度，整体、全面地审视教材，熟练驾驭重点、难点，才能精心设计教学的各个环节；更重要的是把握学生的年龄特点、知识掌握情况，根据学生的兴趣爱好、个性特点去设计教学流程，让学生能够全体参与学习、全程参与学习。

三、多一些幽默、富有情趣

"我们最喜欢上语文课，因为语文老师很风趣、很幽默……"曾经不止一次听到学生这样评价。作为一名教师，能够得到学生的爱戴，自己的课堂是学生喜欢的，再多辛苦也是值得的。

课堂上一板一眼、照本宣科的教师是最不受欢迎的。教师在课堂上多一些情趣，少一些古板，孩子们的学习兴趣是盎然的。同样的问题可以给学生提供不同角度的思考点，不管是哪一学科，有道是"条条大路通罗马"嘛。当学生的兴趣被激发，课堂便是灵动的、活跃的。

记得听过这样一堂课，至今印象深刻。

那是一节语文课，老师要讲的课题是《陋室铭》。授课老师没有沿用传统的"导入新课—初读课文，整体感知—精读课文，品读感悟—拓展延伸—课堂评价—课堂小结—作业"的流程来设计，而是把这节课放到一个大情境中——假如你是装修设计师。其间，教师让学生站在装修设计师的角度，对刘禹锡的"陋室"进行装修，设计要求是既要体现"陋室"，还要体现"陋室不陋"，把文中的陋室描写加以体现。在这样的情境下，学生的思维被激发，整个课堂是活跃的。学生的奇思妙想得到淋漓尽致的发挥。整个课堂，不论是学生还是教师，抑或是听评课的教师，都被带到与现实紧密结合的情境中，一堂课就在大家津津乐道中度过。

"时间过得也太快了吧，还没过瘾……"这是课后听到最多的声音。

其实教师能够把课堂设计得精彩纷呈，学生们不一定喜欢，但让学生精彩纷呈地参与并表现，这样的课堂一定是深受学生们喜爱的！

但有一点需要明确，就是课堂应该是民主的。教师不是主体，没有特权，学生才是学习的主人，而教师只是知识的引领者。课堂是学生的，所以由学生做主。

主题 2

教师是否看到了学生的真实学习

"这些知识点，我都讲了呀，为什么学生还不会用呢？"很多次听到有教师如此发声。确实如此，每每听评课时，发现有些教师的教学设计很精彩，教学流程也很完整，整个课堂也非常活跃，可学生的学习效果并不理想。课堂上讲过的知识点，学生为什么依然不会呢？原因何在？其实这就关系到课堂上学生的学习是否真实。

其实很多时候，我们发现课堂上学生只是在被动地"掺和"。这样的课堂，乍一看特别活跃、特别有条理，但实际上，学生的学习效果则给出了很明晰的答案。

记得听过这样一堂语文课：

课堂上，学生被分成了若干小组，而且每个小组都有非常有创意的名称，教师也明确了小组竞争的规则。课堂上，学生分组带着任务学习讨论、合作探究、展示讲评，整个课堂看起来是活跃、有序的，学生们也很投入，整体上给我们的感觉是"课上得非常好"！

看似成功的课堂，真的是所有学生都投入真实的学习中了吗？教师是否看到了学生都在参与真实的学习？课余时间，笔者询问听课班级的几个小组的学生，不可否认，确实有一大部分学生跟着课堂节奏在前行，在目标任务的引领下投入学习中，但总有一些学生是游离在"真实学习"之外的。那么，学生如何才能做到"真实的学习"呢？

一、创新课堂形式，激发学生的学习兴趣

第一，实行小组合作。小组合作的分配，一般是根据学生的学习能力、自控

力等进行分组，一般每个小组 4 人。每个小组中都有一个组织能力相对较强的组长，根据其他组员的情况进行任务分配。课堂上就以小组为团队合作完成任务目标。在课堂活动中，组员之间的合作能够发挥孩子们的积极优势，通过个体的学习，学生影响学生，这样就给学生提供了各种机会，在小组合作中，那些课堂上不善发言的学生，可以在共同学习中得到锻炼，能够逐渐地敢于发表自己的看法，更重要的是有了发言机会。

第二，开展自主学习。顾名思义，自主学习就是放手让学生带着学习任务，根据自己对知识的掌握情况进行自由学习。

记得我在教学《中国石拱桥》一课时，就是让学生自由读课文，然后把自己印象最深的内容说出来。在交流的过程中，有的学生还根据课文内容把赵州桥的平面图画出来了。特别是"大拱的两肩上各有两个小拱"，学生画出来之后，小组内互相交流"两肩"的位置到底是在哪里，"小拱"的作用又是什么。小组中每个人都有自己不同的见解，言语的表达也各有特色。

通过这种方式，学生就会在平日的交流过程中，对知识的掌握及能力等方面得到潜移默化的提升，学生就会真正感受到把书读活了。

第三，将探究学习落到实处。在课堂教学中，探究学习是提高学生思维能力的重要途径。教师根据教材内容，精巧地设计问题，引导学生在读中发现知识、发现解决问题的办法。

记得听过《草船借箭》一课，执教教师设计了这样几个问题。

1. 初读课文，整体感悟：诸葛亮是个什么样的人？（神机妙算）

2. 再读课文，探究：诸葛亮的神机妙算表现在哪些方面？（勾画出文中的句子）

3. 研读课文，感悟：诸葛亮神机妙算的原因是什么？（识人心，懂天文，通地理）

这几个问题由浅入深，层层深入，带领学生对诸葛亮这个人物进行剖析。

第四，进行有效的角色置换、扮演。很多时候教师可能有这样的体会：总有些学生是被动学习的。如何让这些"游离"的学生真正投入学习？角色置换也可说是个好办法。就如《草船借箭》一课，可以设计"演一演"环节，根据课文内容，小组中每个人都有角色，让学生选择自己喜欢的角色，然后充分体验。当然，学生进行角色置换、扮演，首要任务就是要充分地熟读课文，对故事透彻了解，必要时还要查阅资料，增加知识的储备，以拓宽对人物的了解路径。角色扮演中，学生就有了说和做的机会，而不仅仅局限于听的状态。学生在课堂上占了主动位置，课堂就活了。

第五，丰富课堂实践活动。实践活动就是让学生亲自参与实践，在实践中巩固知识，培养能力，发挥个性特长。实践活动的方式多种多样，可以办班刊、出作文集、开朗诵会、搞辩论赛、搞课前三分钟演讲、搞每日一记或一摘、进行社会调查、开展课外阅读比赛……

其实课堂上学生做到"真实"的学习很重要，但教师能够看到学生的"真实"学习同样不可小觑。一堂看似生动有序的课，未必就是学生的真实学习状况。只有教师看到了学生的真实学习情况，才能切实做到"因材施教"。

二、关注学生的真实学习

教师如何关注学生的真实学习呢？笔者认为要做到以下三点。

第一，要关注学生已有的知识、技能和经验。

我们在备教材的同时，对学生的学习现状进行熟稔的了解也是必需的。因为课堂的主体是学生，那么我们教学设计的对象也是学生。一堂课的成效如何，取决于学生的情况；教学内容的组织、教学方案的选择、教学环节的确定等，都将取决于学生的情况。

比如语文教学，除了每个阶段学生必须掌握的核心素养外，很多知识点的跨度可大可小，这也是我们经常听到的"语文就是皮厚"。想要在一定时间内迅速提高语文分数，是相当不容易的。

再如数学教学，只有结合学生已有的知识和生活经验，才能"因地制宜"地设计出富有情趣的数学教学活动。

曾经听过一节二年级的数学课。记得当时执教教师在教学"位置"时，就充分利用了学生已有的知识和生活经验。因为学生对"位置"的感知在语文课堂上已经接触过了："早上起来，面向太阳，前面是东，后面是西，左面是北，右面是南。"执教教师就是了解到学生已经对"位置"有了初步的感受，所以在课堂上创设了有趣的游戏活动，让学生辨认上下、前后、左右的位置关系，学生都有机会参与其中，他们的积极性就得到了充分的激发。整个课堂是活跃的、灵动的、有序的，在整个教学活动中，学生的数学学习能力得到了培养。

第二，关注学生的体验和感受。

我们知道，学习是一种活动，这种活动就跟游泳、打球、骑自行车一样，如果不经过亲身体验，仅仅看书本、听讲解、观察他人的表演，就等于"纸上谈兵"，容易"眼高手低"；但仅仅是过眼、过耳，学习效果将会大打折扣，就会出现"好像都学会了"，但实际上"没学会"的情况。如果教师只对抽象的数理进行讲解，一定不会达到理想的教学效果。但是当把这些抽象性的知识融入日常生活中，与身边的事物相联系，把生活经验数学化、数学问题生活化，就会激发学生的好奇心，使学生"兴致盎然"。因此，在课堂教学中，教师要充分关注学生的体验和感受，根据学生的实际情况，改变传统的教学模式，对教材进行必要的再加工。从学生的实际情况和年龄特点、认知规律等方面出发，把课本中的例题、讲解、结论等书面东西，转化成学生能够亲身参加的活生生的数学活动。就像关于"位置"的教学，执教教师在教学"左右"时，可以联系生活实际，特别是学校要求学生上下楼梯靠右行，学生对此是熟悉的，教师一说，学生马上就能想到自己平时是如何上下楼梯的。这样学生对"左右"的体验就明了了。同样"上下""前后"的位置教学，就可以根据学生对"左右"的体验和感受出发，举一反三，这样对新知的学习就会"水到渠成"，还大大提高了学生的学习兴趣，降低了他们对新知的"恐高"。

第三，关注学生的信息回馈及反思过程。

如今，新的课堂教学模式不再是教师的"一言堂""满堂灌"，而是师生双方信息交流的过程。在课堂教学过程中，教师要重视并善于捕捉学生的信息回馈，并且根据反馈，及时给予学生积极、肯定的提醒与引导。特别在学生信息反馈方向有误时，教师的适当点拨和鼓励，就显得尤为重要。

在课堂教学活动中，学生在自主探究学习时往往会遇到各种各样的"拦路虎"或者"绊脚石",此时,教师的启发和引导会让学生顺利进行学习及反思,这就不仅仅是"锦上添花",更是"雪中送炭"。一节课的教学活动结束后,教师引导学生反思整个探索过程及当堂获得的结论是否合理,同时引导学生反思课堂上的成功体验,会有助于学生对自身学习的反思,从而提升学生的学习能力和思维能力。

主题 3

课堂本来就是百花齐放之地

"一枝独放不是春,百花齐放春满园",这不仅是古时文人墨客的"独领风骚",对于课堂教学来说,"百花齐放"也是我们所希望看到的。其实,课堂本来就应该是百花齐放之地。

记得在初中任教时,学校教务处"推门听课",当时我讲的是《生物入侵》。这是一篇说明文,相对来说是比较枯燥的。面对后面一排"学生",我的心里是忐忑的。一如平常,"初读课文,整体感知—读课文,细节品悟—你来我往,多点开花"。学生在任务目标的引领下,按照平时的惯例,自主学习、合作探究,然后根据我的引领,学生从不同角度理解,对学生的回答,根据我想要表达的情况进行适时板书……

"你们看,王老师的课,学生在课堂上的回答'叭叭的',说得头头是道,给人的感觉就像在浓郁的树林里行走,让人感到清爽而沁人心脾……"评课时,分管教学的李校长给出了这样的评价。于是乎,赞美声从四面八方飞奔而来。在我偷偷开心之余,也感到汗颜——上课之前的备课,虽然对学生的学习状况了如指掌,但对教学设计也只是简单地进行了"头脑勾画"而已,庆幸的是,跟了我一个学期的学生,已经对我的课堂教学模式相当熟悉了。

记忆犹新的是那个叫亮的学生,原本课堂上并不积极的他,在那节课上竟然听得认真、答得巧妙。当然，就是因为他的认真，那堂课之后，他的语文也就学得灵活，成绩迅速提升了！

教学过程中，只有教师真正做到以学生为主体，给学生提供各种参与的机会，特别是对不同层次的学生，相时而动给每一个学生机会，激发他们的主观能动性，课堂才能真正焕发活力。

那么，如何让课堂成为百花齐放之地呢？

一、善于激发学生的学习主动性

新课堂教学模式注重学生的参与意识及参与程度，从教育心理学角度来说，教学过程中影响学生学习的因素很多，但诸多因素中，学习主动性，也就是学习动机，起着关键作用。它就像学生学习活动中的催化剂，能够有效催化学生的学习参与意识。学生有了积极的参与意识，才能积极地为学习做好准备，课堂上才能集中精力、主动思考，积极探索未知的领域。

记得听过这样一节数学课。导入环节，执教教师向学生介绍有教育意义的数学史，还有相关的数学家的故事、与学生生活实际联系比较大的趣味数学等，学生对本堂课的兴趣得到了激发，学习的参与意识也得到了催化，这样，学生的心理行为就唤醒了学习的积极主动性，从而给课堂教学做了很到位的铺垫。

二、强化课堂学习与生活实践衔接的启智功能

不管哪一学科的课堂，如果脱离了学生的生活实际，那课堂很容易成为"听"堂而非学堂。

记得我在教学《动物王国开大会》一课时，根据该单元的训练要素，在"表演"环节，我一改之前的"安排"式的角色分配，而是让孩子们自由选择自己喜欢的小动物，根据自己的创意进行表演。其间，学生如何准备，我都完全没有参与。结果登台表演时，孩子们给了我一个又一个的惊喜。特别是平时课堂上不善言谈的孩子，都能大胆上台，而且自己准备了角色服装，表演得有模有样。

更惊喜的是平时的"调皮鬼"在表演时，竟然也能放得开了，赢得了同学们的阵阵掌声。"心有多大，舞台就有多大"，当看到孩子们的表演时，我心中想到了这句广告语。其实，只要给孩子机会，孩子定会带给我们惊喜。

课堂教学中，可能会因为"赶进度"，往往只有部分学生有表现的机会，但是，只要把课堂与学生的生活实际进行连接，让学生通过观察、思考、讨论等形式，激发学生参与学习过程，并且尽可能地给学生提供眼、耳、口、鼻、手多器官并用的机会，学生就会逐渐积累知识与技能。学生有了条理清晰的思路，能够把课堂所学与生活实际灵活连接，在课堂上就会充分展示自己的内在，生活实际的启智功能就能让学生在交流中得到共同提高，就会收到比较理想的教学效果。

三、关注学生的学习方法

教育，传道授业解惑也。教学，就不仅仅是让学生掌握知识，而是要"授之以鱼""授之以渔""授之以渔场"，就是说既要教学生必须掌握的知识，也要教学生"学会学习"，还要让学生学会方法后"有地"而"渔"。

我们经常说"教学有法"，但"教无定法"，适合自己的就是最好的。只有学生掌握了方法，学会学习，才能应用所学知识，创造性地解决问题。学习方法多种多样，指导学生自学和引导学生探索是常用的方法。

比如，语文教学中的阅读与写作，可能是提升语文素养及成绩最难的一部分。就阅读来说，可能很多孩子从小就开始阅读各种书，涉猎的范围也比较广泛，但写作时，却容易提笔"无话可写"，原因何在？笔者认为，这是方法掌握的问题。笔者曾经也是最头疼写作，虽然书读了不少，但一到"命题作文"就无从写起。直到我登上三尺讲台，给学生讲写作方法时，自己才"恍然大悟"——原来写作竟然有这么多方法！

其实不光是语文的阅读、写作需要方法，其他学科的学习同样需要方法。比如数学，课本内容的编排、教学内容和例题的呈现，都是"半扶半放"的状态。那么，在教学中，学生读懂例题，教师的指导方法就显得尤为重要。让学生读懂题意，"举一反三"的方法指导可以激发学生的发散思维，提高学生思维的灵活性和创造性。

四、课堂精彩纷呈，让学生体验成功

课堂成功与否，往往要看学生学到了什么、学会了什么、会学了没有。其间，让学生体验到成功的喜悦，就能在很大程度上激发他们的主观能动性，同时能够发挥他们的个性动力。就像"霍桑效应"所说的"每个人都需要被关注、被肯定"。新型的课堂教学就是应该让学生展示自己、表现自己。只有他们充分展示自己的学习成果，才能体会到成功的喜悦，从而激发不断学习的动力，让积极性得到发挥。

以语文课堂学习为例，学生的学习可以是对生字词的掌握，也可以是对课文某个段落的喜欢，还可以是对课文主题的感悟；学生的学习，可以是自主学习，也可以是小组合作探究；可以听，可以说，可以读，可以写，还可以画。

笔者在教学《神笔马良》一课时，就是充分利用"读、写、绘、演"四位一体，让学生选择自己喜欢的段落朗读，在反复的朗读中，学生联系自己的生活实际，根据课文内容进行仿写，接着让学生用自己喜欢的方式：或唱歌，或表演，或绘画，或朗诵……学生个个声情并茂，他们的表现没有好与不好的区分。

这样，学生的学习成果得到了展示、得到了关注、得到了肯定，课堂上也呈现出精彩纷呈、百花齐放的场面。课堂上做到了"百花齐放"，学生的素养提升必将"水到渠成"。

主题 4

让学生"讲"得更精彩

"这节课我们学习《开满鲜花的小路》一课。首先请同学们明确本节课的学习目标……"

其中一个目标笔者给孩子们定的是"自学生字词"。学生在第一遍自读课文时，就开始圈圈画画——孩子们已经养成了"不动笔墨不读书"的习惯，虽然仅仅是二年级学生。

"关于本节课的一类字和二类字的掌握，我们依旧请小老师上台。"我的话音刚落，孩子们早已争先恐后，甚至有些迫不及待了，当然个别同学还是"看客""听众"。

但这次，笔者没有让举手的学生上台，而是把机会给了那些"看客""听众"。

看到站在讲台上的"小先生"，他们讲得并不是理想中的优秀，但对他们来说，敢于站到讲台上已经非常棒了！

对于他们讲得不到位的地方，还没等笔者补充，其他孩子早已经把小手又举得高高的啦！（他们兴奋得已经顾不上"标准的举手方式"）

对于其他小老师得当的补充，笔者报以颔首微笑——两年的培养，孩子们这小老师当得已经有模有样了！

教育是什么？教育就是一棵树摇动另一棵树，一朵云推动另一朵云，一个灵魂唤醒另一个灵魂。

学生当"小老师"，第一，"小老师"首先要自己学得好才能"教得好"，这就激发了学生的主动性学习；"兴趣是最好的老师"，学生的积极主动性被调动起来了，内因得到激发，那学习的效果就会"事半功倍"。第二，学生当"小老师"，对所有学生来说，他们的地位是平等的，如果"小老师"讲得不到位，其他学生完全可以心无畏惧地加以指出并补充。学生们在学习过程中，心情是放松的，气氛是和谐的，这样，学习印象反而更深刻，效果更好。第三，教师把讲台让给学生，教师坐到学生的位子上听课，学生更能体会到教师的辛苦。对于学生讲得不到位的地方，教师可以以疑惑的方式提出，如果学生解答不了，教师可以引导学生讨论、探究。这样的课堂，乍看是有些凌乱的，但能够看到孩子们的学习情况，"人人参与"的课堂才是真实的课堂。

对语文学科来说，作文课可能是教师、学生最头疼的吧！如果我们让学生当"小老师"，效果会如何呢？

其实，作文课与课文的授课也是相通的。从低年级的看图说话、写话到中高年级的作文，其中的方法是通用的。

我在教学低年级的看图写话时，同样注重"小老师"讲解法。当学生明确如何看图、如何说话时，写话就是水到渠成之势。每遇到一个看图写话训练，我就会让一部分"小老师"登台，在这个过程中，如果学生没有看全面的地方，教师可以插一句："可不可以让老师说说自己的看法？"没有学生会抵触这样的和谐氛围。当师生共堂时，学生的学习是会令他们终生难忘的。台上的小老师与台下的小学生，互相看到彼此的优点和不足，在梳理自己思路的同时听取别人的意见和建议，然后在教师的引导下，取长补短，则有相得益彰之效。

那么，新课堂教学模式下，如何让学生"讲"得更精彩呢？

一、方法训练，授之以渔

不管哪个学科，学生都不是一下子就可以当"小老师"的。这需要教师通过一定时间的方法训练。

首先是示范作用。教师要制定学生训练的目标——短期目标和长期目标。根据目标的引领，付诸教学过程。在教学过程中，教会学生方法，可以细致到每一个环节、每一句话、每一个流程。我们秉承"只要功夫深，铁杵磨成针"的理念，相信"给学生一个舞台，他们还给我们惊喜"。

其次是练习。当学生明白如何当"小老师"时，流程熟悉后，那就是训练了。开始阶段，学生的表现一定有不尽人意之处，此时，我们要做的不是"一棍子打死"，而是不厌其烦地教授。有道是"成功不是将来才有的，而是从决定去做的那一刻起，持续累积而成"，"小老师"的培养，不是一蹴而就的，需要一个相对比较长的时间。其间，可能会存在各种困难，但"再长的路，一步步也能走完；再短的路，不迈开双脚也无法到达"，就像莫顿·亨特说的"走一步再走一步"，把大困难分解成小困难，我们就会到达成功的彼岸。

二、给予机会，大胆放手

教学过程中，方法固然很重要，但如果不给学生登台的机会，那就相当于"纸上谈兵"。教学过程，就是要给予学生机会，大胆放手。

古人云："学，然后知不足；教，然后知困。"学生在学习过程中知困而思，就会积极思考，寻求方法解决问题。就像《小马过河》中讲到的道理是一样的：任何事情，不去试一试，光听别人说是不行的。

在教学过程中，只有给学生登台的机会，学生才有体验，由体验触发新发现、新思考、新创造，实践出真知。但很多教师就是做不到"大胆放手"，总觉得学生讲不好，会浪费课堂时间，完不成教学任务怎么办？其实这种担心不无道理。如果在教学过程中，学生出现一点疏漏，教师就放弃的话，学生的能力一定得不到很好的锻炼。这就需要教师的坚持，允许不足出现。

记得带一年级时，第一次让学生当小老师的情形如今历历在目。当时挑选的"小老师"还是班里相对比较"拿得出"的"小学霸"，但站在讲台上，那还真不是一般的紧张。平时表达能力非常强的孩子，站在台上，面对几十双眼睛，拘谨之情无法用语言表述。当然，"小老师"讲得"一塌糊涂"。第一次"小老师"讲题，以失败告终……

学生清楚"每个人都有登台机会，都要当小老师"的规则后，课下就开始积极准备，有的学生竟然给家长讲、对着镜子讲……其实，我想要的就是这个效果！

"功夫不负有心人"，第二次"小老师"上台，比第一次顺畅多了，虽然还是有不足！接下来的日子，就如我所料，形势一天比一天好！

因此，要给学生更多的登台机会，大胆放手，学生就会积极参与知识的学习，越实践能力越强！

三、准确拿捏，适时点拨

教学过程中，教师给学生登台的机会，但"小老师"在讲解过程中，一定会有讲得不到位、不全面的地方，那么就需要教师准确把握机会，适时给予准确的点拨和引导，必要的时候要进行强调。

记得一次一位"小老师"在讲《邓小平爷爷植树》一课中"邓小平爷爷种

的小柏树已经成为天坛公园一道美丽的风景"时，"小老师"只是把"成为天坛公园一道美丽的风景"的字面意思进行了讲解，其中深层的含义没有挖掘出来。于是，在这个地方，教师的必要点拨就显得重要了。要让学生明白，邓小平爷爷种的柏树不仅仅是我们看到的风景，还有更深一层的含义。

因此，不管哪个学科，教师对"小老师"的讲课进行准确把握，并及时进行点拨，在课堂教学中，是非常必要的！

四、奖惩分明，激发动力

课堂教学过程中，不管教师讲得如何精彩，甚至是"天花乱坠"，如果学生的学习动力不足，那也是枉然。给学生机会，让学生当"小老师"，我们同样也要激发学生的动力。如何激发学生参与"小老师"的动力呢？从多数教师的教学经验来看，奖惩分明还是比较有效的。

当"小老师"讲得有条理、透彻，表现佳时，我们给予必要的奖励（我采用的是"争优小擂台"的方法：小老师讲得好，得到同学们的认可的，奖励一个"√"，得到的"√"可以累积，五个"√"换一颗星，五颗星换1元"班币"，10元班币可以参与一次抽奖）；如果讲得不够理想，要接受"惩罚"——下节课继续上台。

学生都是向上向善的，为了得到奖励，课余时间都会积极自主学习，不懂就问。这样，学生的积极主动性就得到了激发，学习氛围强了，学习效果就有了。

专题四
从浅表学习走向深度学习

　　面对复杂多变的现实世界，社会更需要具有综合素养的人。基于核心素养的"深度学习"课堂，是因材施教的、关注解决问题的、以学生为中心的、探究互动式的、注重目标和评价的……实现深度学习的课堂，学生启动高阶思维，获得对知识的真正理解，学会迁移知识、融合知识，解决各种问题，学会适应乃至引领未来世界的发展。

主题 1

好课的变革方向：
基于"核心素养"的深度学习

随着 2022 年新课程标准的颁布，"核心素养""深度学习""关注学生""教学评一致性"等成为 21 世纪课堂改革的热门词汇。国家鼓励学校全面、多角度、因材施教地培养学生，以培育能应对未来各种环境变化的新时代创新型人才，教育的直接战场在课堂。然而在我国近现代传统的课堂教学中，过分重视考试的方式，将分数作为学生的唯一评价，导致应试教育、填鸭式教育的出现，教师在课堂上传授知识，学生在课堂上死记硬背教师授予的知识，并不是真正地理解、掌握。

一、深度学习是课堂改革的必然

教育的目的是要培养对社会有用的人。经济合作与发展组织（OECD）2015 年强调，"儿童要获取人生的成果、为社会进步做出贡献，就得有均衡发展的认知能力与社会情绪能力（非认知能力）"，即儿童未来走向社会能应对各种环境变化的能力。因此，美国心理学家麦可兰德提出，面对人生的种种问题，高质量地解决现实问题所必需的要素，谓之"核心素养"。学校课堂变革的方向必然是以基于"核心素养"的"深度学习"课堂，因此"深度学习"的课堂改革迫在眉睫。

早在 2500 多年前，我国著名的教育家孔子便提出了许多有深远影响的教育思想：因材施教、有教无类、学思结合、学以致用、重视道德教育等。他主张教育首先要培养学生完善的人格，强调注重学生的个性，尊重学生的差异，要因材施教，在学习的过程中要注重学思结合，学生要有自己的见解和思考。孔子的这些教育理念对现在的课堂改革都有很深刻的指导意义。

专题四 从浅表学习走向深度学习

在古希腊的众多学者中，苏格拉底的"产婆术"无疑对现今的影响最为深远。他主张采用"诘问"式"对话"，倡导人们从"教条"中解放出来，不断向真理推进，并致力于对"爱知"的思考、探索。他认为自己是无知的，却能通过与他人交谈、对话、问答等，不断揭示真理，帮助别人产生知识，知识从无到有，正如产婆一样。他以独特有效的思维教导等方式去启迪、引导人们对问题进行理性思考，通过充分细致的换位思考、启发、问答讨论等思维形式，使讨论者从大量具体问题事例出发，逐步理解深入，获得真知。

19世纪，瑞士教育改革家约翰·亨里希·裴斯泰洛齐在教育的实践中不断探索适应自然原理为基础的认识论，创立了以适应自然原理及技术为基础的"直观教学法"。他认为应将儿童作为认识的主体，从对事物的直观观察和感受出发，鼓励儿童用语言表达，获取知识概念，儿童在这种适应自然的过程中获得成长。他提倡儿童进行手工活动和劳动，鼓励儿童动手实践、进行探索活动等，裴斯泰洛齐的名言"陶冶生活"，是对言语主义教育的本质性批判。

20世纪"新教育运动"在世界范围内开展，这是一场由教师单向授课模式向以学生的兴趣与关注点为出发点组织学习的变革，倡导更加注重教学内容与学习方法的个性化与合作性，力求学生在自由的、创造性的实践中获取知识和能力。当然，"新教育运动"改革最早、影响最深远的就是约翰·杜威在芝加哥所设立的实验学校。杜威主张学校教育应从"教师中心"转向"儿童中心"，注重以活动和经验为基础的学习共同体的教育实践。此教育原理的"哥白尼式变革"打破了教室中固定的讲台和课桌，用合作学习的方式自由组织学生进行观察、实验和探究性学习，追求隐藏在直接经验中的知识，注重学生的自我发现和主观能动性。以"儿童中心主义"的杜威式教育，不采用考试来测试成绩，而是通过制作学习报告等分享自己的学习成果。

20世纪五六十年代，泰勒教授在著作《课程与教学的基本原理》一书序中，开宗明义、一针见血地深刻指出了现代教育研究的如下4个理论基本前沿问题：

· 学校应该试图达到什么教育目标？

· 提供什么教育经验最有可能达到这些目标？

· 怎样有效组织这些教育经验？

· 如何确定这些目标正在得以实现？

即以"目标、计划、掌握、评价"的4个阶段构成了著名的"泰勒原理"。

泰勒以行为科学为基础,强调了目标和评价的重要性。他认为评价的结果不应只是单纯的分数或单一的描述性用语,而应该是反映学生目前状况的评价,评价的目的是让教师、学生等了解学生的学习成效。而后,泰勒的学生布鲁姆,对"泰勒原理"进行了进一步研究,率先建立了教育目标分类系统。在《教育目标分类学》中,布鲁姆将教育目标分为"认知、情感和动作技能"三大领域。其中认知领域的目标又划分为"知识、理解、应用、分析、综合、评价"等六级水平。根据"教育目标分类学",布鲁姆将教育评价分为学习前的"诊断性评价"、学习过程中的"形成性评价"、完成后的"总结性评价",并且主张将"形成性评价"作为教育评价的核心。"形成性评价"更加注重课堂学生的反应,教师需关注学生,不断修正课堂内容,进而组织更有成效的、高效的学习。

至此,基于"核心素养"的"深度学习"课堂转型关键词都已出现。另外,如因材施教、关注问题、以学生为中心、探究互动式、注重目标和评价……这些教育关键词的提出都并非偶然,而是教育发展至今的必然。

二、深度学习与浅表学习的区别

什么是深度学习?与相对的浅表学习有什么区别?

浅表学习,顾名思义,即浮于表面的学习。这一类学生在课堂上往往表现得很积极,会积极地配合教师完成学习任务,避免惩罚,会完全按照教师的指令进行课堂活动,以机械记忆和反复练习为主,缺乏对课堂内容的质疑、思考、深度理解等,属于"接受型"学生。如果教师提出需要思考挑战的问题,这类学生的做法往往是等待其他学生或者教师揭晓答案。从短期来看,浅表学习的学生一般比较听话、乖巧,成绩一般会比较平稳,大部分是配合老师的好学生。但是随着年龄的增大,学生遇到的问题越来越复杂,这类"认真"的学生往往依赖性较强,不会深度思考和迁移知识进行应用,因此成绩和生活能力也会随之下降。

苏霍姆林斯基在《把整个心灵献给孩子》中有这样的表述:"著名的德国数学家 F. 克莱因把中学生比作一门炮,十年中不停地往里装知识,然后发射,发射后，炮膛里就空空荡荡、一无所有了。我观察被迫死记那种并不理解，不能在意识中引起鲜明概念、形象和联想知识孩子的脑力活动，就想起了这愁人的发言。用记忆代替思考，用背诵替代对现象本质的清晰理解和观察——是一大陋习，能使孩子变得迟钝，到头来会使他丧失学习的愿望。"这段话揭示了如"鹦鹉学舌"般浅表学习的危害，并提出了思考、理解的重要性。

深度学习是学习中应该追求的最高境界。深度学习是真的学习，是学生主动、自发地进行思考、探索，并能将知识进行迁移和应用的学习。在学习过程中，首先，学生的学习动机是靠内在兴趣激发的，而不是为了避免外在惩罚被动产生的；其次，学生在深度学习中不仅会真正牢固、系统地掌握一个学科内在的整体系统知识，理解到学习与结果相互作用产生效应的具体过程，把握学科问题探究的精神本质，而且能够持续不断、深层次地自我反思与情绪调节，最终逐步形成积极向上的正确的学习生活态度、积极正确的社会价值观和高级复杂的社会情感，成为学科基础较为扎实，具有持续学习能力、批判与思考论证能力、解决学科问题能力、创新学习能力以及和同伴合作创新精神的高质量学习者。

主题 2

在"深"下去的学习设计中实现深度学习

深度学习虽然是一个新词，但并不是一个新理念，它就是"真"学习，是以学生为主体、面向未来的学习。学生能否进行深度学习，需要教师在日常的课堂中进行深度学习思维的培养。深度学习能力是一种强调积极主动的学习策略与能力，这种能力可以通过不断锻炼而习得。为了锻炼学生深度学习的能力，就需要教师充分发挥主导作用，通过建立"双微驱动"教研模式，设计学生的学习活动，注重引发学生进行深度思考，推动课堂深度学习变革。

学生在课堂上的学习活动并不是自发的，而是在教师的引导下一步一步进行的。因此，深度学习的课堂上教师的角色更为关键，如何建立学生与教材之间的联系？如何对学习对象进行深度加工？如何在课堂学习中达成除了知识目标之外的育人目标？这都依赖于教师对整节课的学习活动设计。

当然，一个人的力量总是有限的。"双微驱动"教研模式正是为了更好地发挥集体的力量，集思广益，更好地设计深度学习活动。"双微驱动"是微团队与微任务的有机结合，由学校进行总体规划，建设好三级微团队：学校专家微团队、学校工作坊微团队、各年级学科备课组微团队。在专家的引领下，确定各科工作坊深度学习的大任务，各年级学科备课组按照课程标准和教材将大任务分割为系列小任务、小目标，以便更好地解决创新实践难度大、方向模糊、教师个人不愿冒险等问题。

教师要想实现课堂的深度学习，首先要厘清"学会"和"会学"两个学习阶段，明确好"深"的具体含义。"深"是"浅"的反义词，但在深度学习的课堂中，"深"不仅是"浅"的对立面，它是"深"在智慧、内涵、精神层面的，与人的心灵相关。"深"下去的深度学习设计应该具有以下5个特征。

一、创设学生感兴趣的真实大情境

深度学习需要培养学生"解决问题的能力"，而绝不仅仅是"解答试题的能力"，进而提高学生"做事的能力"水平，达到真正育人成才的教学目的。因此，一节好课需要给学生创设贴合生活实际的真实情境，从真实情境出发，学生经历创造性的分析问题、分类整合信息资源、合作探索解题思路、解决问题等过程。在创设的真实情境中，需将"知识内容"内化于"学习任务"中，将情境中的信息设计成驱动性任务，从而引导学生主动学习、思考。

二、确定学生需要达成的学习目标

深度学习的课堂需要每个学生都参与进来，不仅仅是获取知识、锻炼技能，更要求发展学生的高级素养。深度思维学习模式是一门聚焦在学科本质内涵和创新思想方法之上的终身学习，是每个学生将来能够进一步发展自己质疑探索精神、批判性思维、创新学习能力、合作研究能力的重要主战场。因此，学习目标的确定是实现深度学习的主要方向。

学习目标的确定一般要经历课标分析、教材分析、学情分析三个方面，即要明确学生在哪里、目前怎么样、需要到哪里去。

首先，要深刻理解课程标准，只有研读好课标，深刻理解学科本质和学科核心素养要求，才能明确学生要到哪里去。学科的课程标准包括该学科的课程性质与教学内容设计的基本价值理念、课程目标、课程结构、课程内容、实施中的若干建议或步骤措施等，是一部辅助广大教师全面把握相关各学科知识结构、理解各相应专业学科课程结构设计、教材内容以及教科书编写基本思路的工具。

其次，要进行充分的教材分析。教材是承载学生阶段性知识的科学范本，是对该学科知识系统性、整体性的建构。教师要通读教材，纵向系统地掌握各年级的知识体系，横向比较各个版本的异同，为学生的学习做好充分的准备。全面掌握教材的深度学习，才是学习的本质。万变不离其宗，将教材读透会更好地引导学生进行知识间的迁移与应用。

最后，要充分了解学生。站在学生的立场，充分了解学生的学情，理解学生的学习规律，重视学生的学习逻辑，明确学生的现有水平在哪里才能确定怎样教。维果茨基的"最近发展区"理论提到应确定儿童的两种发展水平——现有发展水平与"最近发展区"。要建立"最近发展区"，前提是先确定好学生的现有水平，明确学生"跳一跳"就能摘到的"果子"。另外，也要确定学生即将达到的未来水平，这个水平远比学生的现有水平高得多，是怎么"跳"都摘不到的"果子"，即学生凭借自己的力量很难在短时间内达到的未来水平。要达到未来水平，就必须学习更有难度、更有挑战性的任务，即维果茨基所说的"教学要走到发展的前面"。而在现有水平和未来水平之间的区域，就叫作"最近发展区"，在这个区域内，教师通过设计学生活动，学生通过自主学习、沟通交流、教师指导就可以获得发展，而教师的另一项重要任务就是要制定未来水平的学习目标，帮助学生自主思考，去挑战、克服困难，引导学生由现有水平主动积极地走向未来水平。

三、分层设计学生自主完成的小任务

实施深度学习，在学习任务的设计过程中，还要考虑学生的个性化需求，能兼顾各类学生不同的成长层次，因材施教，设计具有针对性的分层小任务，使每一个学生各方面的能力都能得到锻炼和培养。

大致来说，学习任务可以分为三层来设计：基础性任务—极具学习挑战性任务—富有创造性任务。

设计学习任务时必须做到以突出基础性教学任务为主，即强调每位教师能够切实把握教学的核心内容，并善于将这些核心内容转化并分解设计为学生乐于参与的个性化学习任务，让学生自主尝试和解决。

基础性任务结构相对简单、清晰、单纯，问题范围较小而任务相对独立，任务之间的逻辑关联性都不强，解决问题比较容易，学生遇到的基础任务困难相对也不大，学习性任务成果也都是比较单一的。

当学生的学习能力有所提升时，设计一些挑战性任务是非常有必要的。设计挑战性任务时，要尽量加强问题之间的内在关联性，不拘泥于相对比较小的知识范围里的某个单一的知识点，需要融合多学科知识，让学生学习运用高阶思维模式进行合作、共同思维探索，然后自我发现，这样既能夯实学生的基础知识，也能进一步提高学生运用知识解决问题的能力，学习能力得到进一步的提升。

创造性任务的设计是属于跨学科间合作学习探究型学习任务，一般需要学生利用课外时间进行，教师可根据本节课的教学内容，围绕大概念设计多学科融合的拓展性任务，鼓励学生自行发现问题、分析问题，并通过查找资料、共同探讨、持续研发等方式来解决问题，并形成创造性成果，这样学习才能真正走向学习的本质——自主创造。

四、外显学生解决问题的思维过程

发展核心素养，以学生的发展为核心，在学习设计中夯实基础知识和基本技能的同时，尤其要加强的是思路方法的建构。在每一堂课有限的时间里，注重设计有意义的、开放性的任务和活动，鼓励学生不断实践、讨论、质疑和反思，用已有的知识与经验，分析、交流、解决各种复杂和陌生的问题，外显学生解决问题的思维过程，是获取学生新的知识生长点的重要策略。

例如，课堂上经常会出现这样一幕：教师提出问题，学生举手回答，A 同学回答错误，教师说请坐；再请 B 同学回答，B 同学回答对了，教师说："你真聪明，请坐。"有时候教师会讲解 B 同学正确的过程，但更多时候，教师会由于赶进度继续进行课程。而这时，A 同学为什么会错？B 同学为什么就是对的？怎么想才能得到对的答案？因为没有进一步交流，学生只能是拿来主义，没有进行思维的锻炼，长此以往，学生很难举一反三，获得真正的成长。

因此，外显学生的思维过程，即让学生讲出来更为重要。

五、关注学生表现，开展持续性评价

教师教了不等于学生学会了，学生学会了也不等于会学了。学生核心素养体系的完整塑造需要教师开展客观科学的持续性教育评价。持续性学习评价过程是教师进行教学、学生进行学习等不可或缺的环节，评价得出的客观结果往往有助于教师指导学生的学习，从而进一步推动学习行为和教学体系的发展进步。持续性学习评价将课程评价体系的基本关注点逐渐从关注教师本人的执教质量转向注重学生个人，注重评价学生学科核心素养水平的综合发展能力，关注学生在课程学习及活动设计中的总体参与度、积极性及突破自我原有认识框架，提升创新探索能力。

开展学生持续性跟踪评价，可以随时追踪了解学生学习过程中目标计划的有效达成情况，监测跟踪与适时调控有效学习实施过程，反馈意见与积极指导如何改进有效教学，从成长的每个角度去评价这个学生究竟是否学会了、是否会学了。

课堂的持续性学习评价一般以能力形成性学习评价为主，是形式多样灵活的、以指导学生成长为主要中心、以评价学科核心素养内容为目标导向原则的学科立体性教育评价，是综合学科素质培养评价中的一部分。持续性学习评价实际上是一项激励性评价，其主要利用自我学习效果分析、课堂行为观察研究等来制定学生不同层次的学习评价量化标准，让每一个学生都可以有一次出彩的机会。评价方式除课堂提问、当堂练习外，研究报告、实践方案、公开演说等也是持续性评价的一部分。在深度学习的课堂教学中，教师要使持续性评价成为自己主动进行"教学—反馈—改进"的强大助力，成为持续促进每个学生学习方式改进的有效手段。

主题 3

在 "减" 下去的教学内容中实现深度学习

据资料显示，传统的教学内容是教与学的过程中有意传递的主要信息部分，一般包括课程标准、教材和课程等。基于 "核心素养的深度学习课堂" 中的教学内容是指在学习过程中，以达到学习目标、提升核心素养为目的，师生进行交互活动所利用的一切素材和信息的总称。

一、教学内容做 "减法"

在传统教育的认知观念中，人们似乎只关注教学内容作为学习认识实践成果本身蕴含的重要价值，强调内容被后人继承、被他人传递的历史重要性，很少会将教学内容如何与今后学生行为的发展、与人类未来的社会活动进行关联。然而在深度学习的课堂中，学生学习的最终目的不仅仅是单纯地掌握文化知识、获得基本的实践技能，更重要的是通过在课堂上学习能全面发展分析和解决实践问题的能力、培养创新思维能力，获得一种将来进入人类社会参与科学实践、创造社会美好生活条件的能力。因此，课堂中不是简单地把知识传输给学生，而是由教师研读教学内容、设计学习活动、引导学生进入探索的情境、过程，引导和帮助学生成为知识的 "发现者" 而不是 "旁观者"。为了更好地达到这一目的，教师对教学内容的处理也更为重要。

当前的传统课堂在教学内容方面仍存在一些弊端，这些弊端不仅达不到深度学习的要求，甚至会影响学生的学习效果和教育质量。

一是课堂教学内容单一，许多教师在课堂教学中仍存在只讲知识点，忽略学生全面发展的现象。这样的课堂依然是为了考试而学习，只重视知识目标和技能目标的达成，课堂上只是简单的知识堆砌，缺乏学生的参与和思考。

二是当堂教学内容安排太满，教师为了完成教学进度，在一节课有限的时间内为了让学生学到更多的知识，往往会增加教学内容。在课堂上，过量的教学内容挤占了学生活动的时间，课堂教学成了教师按照教案完成规定的教学任务的过程，师生关系就像：我讲，你听；我问，你答；我写，你抄。教师精心讲解，学生被动参与，看似高效的课堂，实则并没有效率。

瑞典学者马飞龙指出："学习结果与教师对教学内容的处理和组织（教学内容知识），有比较大的关系。"深度学习的课堂设计不仅仅要学生克服传统机械式学习、浅表学习带来的学习弊端，让每个学生的学习过程更加主动、深刻；更重要的一点是，要切实克服学科长期以来出现的上述种种二元对立问题。加入对教学内容架构的思考，使教师、学生、教学内容获得高度的协调统一，发挥好教学内容体系在加速知识转化传递、培育复合型人才方面的最大效用。

实现深度学习，要在教学内容方面做"减法"。"减"不是单纯地将内容减少，而是要把握事物本质，以简驭繁、强化核心，系统建构知识的"减"。

二、逆向设计，整合学习资料

当前，教师的教学内容设计存在的问题是内容单一，对本学科的知识内容缺乏系统性的把握和理解，所以教师的教学内容往往枯燥肤浅，不能切中要害。教师要进行有效的教学设计，首先要对本学科的知识有系统、全面的把握，能够以大概念为基础，对学科的系统和框架进行建构。大概念是学科的核心，也是基础概念，它可以帮助学生将各个知识点联系起来，有助于知识和技能的整合。但如何将大概念融入学生所熟悉和感兴趣的真实生活，是教师必然遇到的挑战。为此，教师要认真倾听学生，理解学生对学科大概念可能存在的误解，然后把学习设计建立在这种极易产生误区之处，促进学习者反复探索大概念的相关问题，并使学习不断走向深入。

因此，以大概念为内核，采用逆向思维来设计学习活动，更有助于学生进入深度学习。现如今教师往往采用正向思维的方式来设计教案和教学，按照教材上需要讲授的顺序，从简单到复杂、从低级到高级，一步一步按部就班地去讲解，学生被动参与，没有实质性地参与问题解决，学生对问题与知识之间的逻辑关系比较模糊，也很难产生思维迁移的效果，更加难以创新性地解决问题。采用逆向思维的方式，教师根据学科教学和学生水平确定高层次的教学目标，并将目标转化为学生可理解、感兴趣的学习情境和学习体验，由学生进行自主思考，协同互助，通过自己的投入和努力解决高层次的问题，基础性知识则成为问题解决所需要的资料。学生解决高阶问题的过程也是夯实和巩固基础性问题的过程，学生在学习过程中因为全身心地主动参与而进入了深度学习的最佳状态。

三、问题驱动，突出核心

在进行教学内容取舍确定的具体过程中，要充分注意学生的学习心理需求和实际学习知识层次。教师首先要做到根据本学期、本单元中的知识大概念和教学核心问题等来适度精简部分教学内容，设计一些课堂研究性实践活动，抓住课堂教学的核心问题，围绕核心问题有序展开，而不是进行一些细碎的知识点或者问题的累加。每节课上设计的核心问题尽量不要过多，如果内容难度系数不高的话，以设计 2~3 个中心问题为宜；如果难度系数较高，一节课上只要设计或解决 1 个核心问题即可。

问题从学生中来，最好能引发学生的认知冲突，让学生感受到心智挑战，形成自主探究的内在推动力。核心问题的目的是刺激思考，引发探究，并激荡出更多的问题，包括学生细思推敲出来的问题，而非导向既定的答案。在问题的驱动下，引发学生的认知冲突，学生能够根据自己的需求和水平，不断深化和拓展，学生感受到心智挑战，形成自主探究的内在推动力，外显学生的思维过程，使学生完整地经历识别问题、分析问题、解决问题、自我反思的全过程。这样的问题可以激发学生的深度思考，让学生呈现多元的思考方式和学习成果；也可以留给学生充分的学习时间，让学生根据自己的步调来学习，不浪费任何层次学生的时间，每一个学生都能充分感受到自主探索与协同合作的乐趣。

主题 4

在"慢"下来的教学节奏中实现深度学习

深度学习的课堂是力求每个学生都能深入参与的课堂，是每个人都能获得公平学习机会的课堂。当前的很多课堂，学习机会其实是不平等的，很多资源要通过竞争去争取，或者通过剥夺他人的学习机会来获得，这样的课堂看上去热热闹闹，但实际上牺牲了大部分学生的利益和机会，是得不偿失的。于是，教师要思考怎样才能让更多的学生获得学习的机会，怎样才能使所有学生都受益，因此，教师首先要做的就是，放慢课堂节奏，建立生生平等的学习机制。

传统的课堂时间几乎都被教师占据了，课堂基本上就是教师的独白或者教师与极少数学生的对话，教师的讲述内容密集、速度极快，学生难以理解，更不用说深入思考了，所以多数的讲授都是无效的。在这样的课堂上，很多学生成了"观光者"，而不是"参与者""学习者"，更不能说是课堂的主人了。久而久之，学生成为迷茫的学习者就不足为奇了。

因此，随着新课程改革的不断深入，教师在课堂上充分调动学生的能动因素是现在教师的主要任务之一，这就需要教师在驾驭课堂教学时必须有的放矢，把握好课堂的教学节奏。课堂教学的节奏，一般指课堂教学进程中的速度及其规律性变化。实践证明：凡是课堂教学效率较高的教师必定善于控制教学节奏。课堂教学采取有张有弛、张弛得法，有疏有密、疏密得当，有高有低、错落有致，新颖多变、起伏和谐的节奏，可以激发学生的学习兴趣，调动学生的学习积极性，提高学生的智力，增强每节课的课堂教学效果。特别是在新课程的理念下，控制课堂教学的节奏显得尤为重要，不仅是教师主导作用的重要体现，而且是教学艺术的一种表现，更是讲课成功的关键。课堂教学节奏主要包括语言、内容和时间三大方面。

一、把握好语言节奏

语言是课堂最重要的因素之一，课堂教学中的沟通行为绝大多数靠语言完成，所以课堂教学效果的好坏，在很大程度上取决于课堂语言的质量。

首先，语音要清晰流畅。教师明快清晰的语言能博得学生的好感，为拨动学生的心弦创造良好的条件。所以，讲课时教师要使用普通话，避免地方话、口头语，只有教师讲课字字清晰，学生才能声声入耳。

其次，语调要抑扬顿挫。"重要处反复强调，快乐时酣畅淋漓，愤怒时情绪激昂，悲伤处沉郁顿挫。"这种语调高低的交迭伴随着感情的起伏，就形成了一种节奏。这种节奏感作用于学生的感官神经，就能导致大脑皮层不断产生兴奋，引起学生丰富的联想和强烈的感情共鸣。教师的语调只有高低相别、错落有致，学生听起来才能精神饱满、兴趣盎然。

最后，语速快慢、停顿要适度。一般来说，说话的速度要根据讲课内容和学生情况而定。对重点要反复强调，以加深学生的印象；对难点要缓慢地讲，让学生有回味咀嚼的过程；对一般内容要简明地讲，使学生了解概要。这样就能使学生在教学节奏中把握最重要的东西。如果从头到尾使用同一语调平铺直叙，那就太机械呆板了，会使得学生心中一片茫然，不得要领。

二、设计好内容节奏

教师应把教学内容精心安排、合理构造，做到繁简分明、疏密得当；重点突出、难点明确。课堂教学内容节奏必须注意以下三个方面。

首先，课堂导入要吸引学生注意力，激发他们的兴趣，要能把学生一下子就带入规定场景中。导入新课应当言简意赅，迅速打开场面，引入正题，切忌冗词赘语、枝节横生、不着边际。

其次，教学内容的设计特别是重点、难点要根据学生的有意注意和无意注意的规律来安排。实践证明，在正常情况下，人的有意注意每次不能超过20分钟，否则会引起疲劳。课堂上只有做到把学生的无意注意和有意注意结合起来，才能获得令人满意的教学效果。所以，教师应当有节奏地把两种注意相互转换，把教学的重点、难点放在学生有意注意这段时间内完成。在无意注意时间内，可穿插一些实例或轻松愉快的情节，运用各种教学方法，使学生的身心得到调节，收到潜移默化的效果。

最后，课堂要留有余味。明代学者谢榛说："结局当如撞钟，清音有余。"因此，教师要精心设计一个有余味的结尾，造成悬念，从而给学生留下一个有待探索的未知数，激起学生学习新知识的强烈欲望。

三、控制好时间节奏

讲课时，必须控制好各个环节的时间，切忌忘乎所以，没有统筹安排。课堂上除了教师必讲的内容外，还必须留出一定时间，进行归纳总结、交流互动、学生讨论、布置作业等。要做到这一点，教师上课前必须熟悉自己的讲稿，对每个内容大致占用多少时间要心中有数。课堂上还要随时注意调整节奏，合理控制。

另外，如何在课堂上实现平等的学习权，也是通过放慢教学节奏来实现的。每节课都会设有教师提问环节，教师提出问题以后，一般会迅速找到举手的学生来回答问题。如果对一节课教师提问过的学生进行统计分析就会发现，学生们回答问题的机会是非常不公平的。有些学生一节课回答很多问题，而多数学生在课堂上一直默不作声，他们是怎么想的，教师并不知道；他们是否真正听懂了，教师也不清楚。因此，要放慢课堂节奏，引导学生深度思考问题、充分讨论问题，让每一个学生都有平等地获取知识的权利。

主题 5

在"增"上来的自主阅读中实现深度学习

义务教育阶段是全面培养学生建立良好社会行为习惯的关键阶段，是成为一个成熟人的人生必经之路。这个阶段有很多好习惯需要养成，但最重要的是阅读习惯的培养。阅读不仅可以增长见识、提高理解能力，而且能提升写作能力。在阅读已经成为全世界都在讨论的主题的今天，义务教育阶段的教育重心也在"学科知识""基本能力"的基础上，将深度学习嵌入阅读课程中，以提升学生的核心素养。

苏霍姆林斯基说："少年的自我教育是从读一本好书开始的，并且表现为他能用最高的尺度，那些英勇的、忠于崇高思想的人们的生活来衡量自己。"从这段话中不难看出，阅读一本好书对学生教育的重要性。

一、阅读的重要性

第一，阅读能力是整个学习能力的核心。首先需要明确的是，阅读能力的培养大部分时间在课外，因此课上阅读方法的指导尤为重要。不论是语文阅读理解文章的中心思想，还是数学阅读快速查找有效的信息，阅读能力的强弱已经影响到了学习能力，因此阅读能力是整个学习能力的核心，要想学习知识，首先要会阅读。

第二，阅读可以培养学生的关键能力。在互联网高度发展的信息时代，人类获取知识如此便捷，死记硬背的知识显得不再那么重要。但是，为了应对这个多变的时代，对于人才综合素养的要求也越来越高。因此，锻炼学生的合作能力、交流沟通能力、与人交往的能力、内心的阳光健康等这些关键能力显得尤为重要。这些关键能力的培养可以通过更多阅读来实现。

阅读可以带领着孩子们认识人、事、物和环境，这种认识能力的提升，开阔了学生的视野，可以让学生能够深刻地认识世界，了解这个世界上存在不同的文化风俗、不同的生活方式。多阅读可以让学生对这个世界上出现的事物有着自己的认识能力和判断能力，让他们更好地认识世界的多元性，用更加开放和包容的心态去看待这个世界，并能够逐渐理解不同的文化和生活方式，从而适应社会的变化和时代的发展。

二、学习阅读和用阅读来学习的关键时期

美国查尔教授在 1996 年提出了儿童阅读能力与认知发展横轴理论，从这个

横轴上可以看到，学龄前、幼儿园、小学、中学阶段和孩子的整个认知能力的发展是相匹配的。

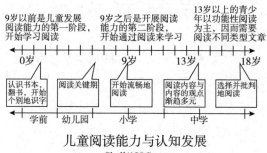

儿童阅读能力与认知发展
Chall(1996)

9 岁以前是我国儿童学习阅读和发展语言的第一个发展阶段，叫作儿童学习和阅读早期；9 岁以后，儿童还应该通过阅读来促进学习发展。

即 9 岁前（在小学三四年级的时候）是处于一个阅读能力培养的关键期，这个时候叫作"学习阅读"阶段，就是要初步学习掌握阅读这个学习工具。孩子在三四年级的时候其实是处于学习成绩最容易有分化、容易发生滑坡的阶段，除了课程设置难度有所加大以外，很多时候可能与孩子的阅读能力没有跟上有关系。

9 岁以后，"通过阅读来学习"是指掌握了阅读这个工具以后，就需要通过各种各样、各种类型的阅读来丰富自己的知识和人生阅历，那么到 18 岁的时候才过渡到功能性阅读阶段。

因此，教师依据单元主题和目标设计出具有价值的教学策略和方法，将学生的学习由浅层引入深层、由表引向里，实现阅读教学中的深度学习策略极为重要。

三、在阅读中实现深度学习的策略

深度学习是从三维目标达成学习到核心目标达成提升的学习，终极目标是培养学生的核心素养，其重点是培养学生的感知能力、思维能力和创新能力。在深度学习的课堂上增加自主阅读的时间，让学生在阅读中实现深度学习，可以尝试以下三种策略。

一是在比较阅读中形成感知能力。阅读是课堂教学中必不可少的内容，尤其是语文课上,实际教学中大多停留在对内容的表面认知,缺少对文本内容、语言文字的深层次思考和感知。因此,教师要突破原有的"平推式"阅读方法,采用比较阅读的策略,让学生由浅入深地阅读,激发学生的思维,获得对语言文字和情感表达的感知能力。

二是在批判性阅读中发展思维能力。杜威指出,"好的教学必须能唤起儿童的思维"。教师在阅读教学中就是要唤起学生的思维,指引学生进行有意义的阅读,掌握学科的思想与方法。批判性阅读是一种主动参与和作者产生对话的阅读模式,即阅读不只停留在文字表面,而且指向阅读"是什么""怎么样""为什么"的思维发展过程。在这个过程中培养学生思维的深刻性、敏捷性、灵活性、批判性和独创性。

三是在想象阅读中提升创新能力。想象是思维活动的特殊方式。教师通过激发学生的想象意识,使学生在原有文字和形象中获得理解、感受,产生新的阅读体验,这一思维活动引领学生从粗浅的、单一的阅读走向深入的、多向的阅读,提升学生在阅读中的再创造能力。

要实现深度学习不仅限于以上几种方法,还包括学习方法的改变,比如,教师布置任务群,学生在任务驱动下自主探究活动;针对单元主题整体构建的思维导图方法;等等。指向深度学习的阅读教学,就是教师在关注学生低阶基础知识的同时,让学生的思维和能力向高阶发展,只有这样,才能让学生的核心素养得到不断提升。

专题五
从宽泛教学走向精准教学

　　精准教学，就是在现代信息技术的支持下，在精准把握新课程标准和学生已有发展水平的基础上，遵循学科教学的科学规律，遵循学生的成长规律和发展规律，关注课堂教学效果，建构科学的教学结构，细化教学环节，促进学生在达成学习目标的过程中获得整合、协调、可持续的进步和发展，实现预期目标和完美教学结果的活动过程。

主题 1

重新思考学科本质：学科教学中的
"为"与"不为"

儿子第一次学骑自行车时，骑的是儿童自行车，这种自行车不需要笔者支撑，可以借助辅助轮骑行。正是因为有了依赖，儿子很长一段时间摆脱不了辅助轮。当有辅助轮时，他骑得很好；拆下辅助轮后就不敢骑了。看着骑自行车的儿子，笔者想起了自己学骑自行车的情景。

我们这一代人几乎从未骑过儿童自行车。至少笔者出生在农村，小时候从未见过。家里有一辆男式自行车，只有笔者父亲才能骑。当时，自行车不是很常见。人们经常借它。当孩子们学习骑车时，他们的自行车和自己差不多一样高，或者稍微高一点。他们必须向前举起双手才能握住车把。

我们严格按照骑自行车的过程学习骑自行车。先学会推自行车，再学会单脚踩踏板，最后开始用另一条腿骑。溜车是最耗时的，也是学习骑车的关键。骑自行车通常在自行车的左边，左脚在自行车的左边，右脚后退，如果有下坡，不需要踩地，左脚踩在踏板上，身体站直，耳旁是呼呼的风，一路向前滑。滑车意味着保持平衡，为下一步放上另一条腿打下良好的基础。按照这个过程学习，一旦达到一定水平，基本上就可以上路了。

然而，现在的孩子学习骑自行车没有前两个基本步骤。不会推，更不用说溜车了，但可能会骑。当然，是在人少的空地上骑的。

学习骑自行车的方法不同，结果也不同。在过去，学习骑自行车需要克服很多困难，掌握更好的技术。在学习的过程中，可能会有更多的思考和理解，因为他们都依赖于自学，但也磨炼了意志。现在学习骑自行车有一个辅助轮，在父母的帮助下，孩子可能很快就会骑车上路，但学习过程没有那么深刻的经验，在短时间内很难提高水平。

学习骑自行车和其他学习也是如此。家长和教师提供越来越多的帮助，甚至干扰了孩子的正常学习和成长。这让人想起了教师的教学，即教师的"为"和"不为"。那么，教师的教学要在哪些方面有所为，哪些方面有所不为呢？

一、授业有为：引导其身，主动作为

有这样一位热爱小提琴的青年，但是他拉的《小夜曲》总是遭到别人的嘲笑，都说他拉的曲子像在锯桌子腿，这让他感到非常沮丧。不得已他每次练琴都偷偷跑到清净的树林里。在那儿，青年遇到一位老妇人，她自称是"聋人"，让青年放心大胆地去练琴就好，不过她的心会倾听。在老妇人的精心呵护和鼓励下，青年练琴非常刻苦，不断进步，可以在各种晚会上演出。有次参加比赛，发现在评委席上的正是每天听自己练琴的老妇人，原来这位老妇人是音乐学院最有声望的教授，所谓"聋人"只是一个善意的谎言。

这是多么美丽的一个教育故事啊！老教授不仅是青年唯一的听众，还是青年心灵的听众，她装作"聋人"，还说琴声能带给她快乐与幸福，不断地用温柔的话语鼓励着青年。老教授用爱护、鼓励年轻人的美德，成就了一位优秀的小提琴手。回归教学，教师要做学生心灵的听众，当学生沮丧时给予微笑，当学生气馁时给予鼓励。懂得用心倾听的教师，必定满怀真诚与耐心，用一颗真诚博爱的心，去呵护那些稚嫩的生命之音。这个案例说明，当需要教师"为"时必须为，而不能"无为"。

1. 学高，身正其范

教师就像学生生命成长中的一座灯塔，要通过塑造自身的光辉形象，为孩子树立良好的示范，用自己的光和亮去影响孩子。当教师拥有深厚的知识背景，厚积薄发，在讲课的过程中有能力让学生听得如痴如醉，可以站在课程的高度处理教材，兴趣广泛，有某种特长，这样的教师在不知不觉中就会征服学生，从而潜移默化地影响学生各方面的行为。

教师只有饱含深厚的职业情感，严于律己，才能处处给学生以榜样的力量。

例如，周士菜先生，他特别注意生活上的小细节，衣服的纽扣有没有扣好，头发有没有梳理整齐，以及说话的腔调、走路的姿势等，都要严格要求。他要求学生很多，学生的笔记本折角、卷起角的都会受到批评。他所教的学生的课业本子不敢不保持整齐。教师本人就是一个榜样，他每天穿戴整齐，纤尘不染，走起路来目不斜视，大步昂首前进。说起话来和颜悦色，但不会嬉戏玩笑。在学生心目中，他几乎是一个完美的人。

师者如同学生生命中的启明灯，一言一行都能给孩子带来影响。教师清新飘逸的板书，学生会用心临摹；深情的吟诵，带动学生情感的投入；严谨的治学态度，在学生的心田播下理想的种子。

示范的作用就如同灯塔的光，有时灯光微弱，但灯塔永远屹立不倒。教师不断提升自己的素养，修正自己的行为，在与学生的相处中，以"润物细无声"的方式进入孩子的生命，引领他们的成长，教育"学高，身正其范"的意义就在于此。

2. 赋能，助力其行

赋能，在心理学上是一个积极的名词，旨在给予他人成就自己的能量，最大限度地发现成长的自身潜能。而赋能教学则是指在学习过程中，为了更好地适应未来社会的发展需求，通过各种手段和资源，为学生提供更多的自主、创造的机会。相对于传统教育，赋能教学更注重学生的个体差异和潜能发展，通过个性化教育、项目式学习、实践探究等方式激发学生的兴趣和潜能。

教育给孩子赋能，就是供其一个更好成长的"支架"。很多人推崇赏识教育，这也是教育可以赋能的一个有力例证。学生的数学计算作业小有进步，教师批语："你是一个有着极强计算能力的学生，再加努力，必定可以成为我们班的'计算小天才'！"学生写出了一篇颇有文采的习作，教师在班级朗读，并加以点评："小小年纪便有如此灵动的文字，笔耕不辍，假以时日，可以比肩作家。"

学生是需要夸赞的，只要学校和教师不吝啬向学生泼洒阳光，让孩子们时时灿烂，当教师能创设条件让学生认识自我并展示自我，当教师能在日常教学中引导学生合理规划自己的成长，最终那被赋予的能力都会融化成学生自主学习、自我成长的内在动力，学生也就被赋予了热爱学习、热爱生命的能量。

3. 纠错，增长其智

孩子的成长就如同在生长中的小树，当长势不佳，旁逸斜出时，及时修正，助其步入正确的生长轨迹，这一举动与教育的纠偏功能何其类似。学生在学习和生活中难免会犯各种错误，有时候错误也可以成为教育教学的资源。这种可能性能否成为现实，关键取决于教师的能动作用。具有很好的教育智慧的教师才会善于抓住教育契机，化腐朽为神奇。而有些教师却可能错过宝贵的转化契机，还有可能让小错铸成大错。

有位数学教师在教授"用字母表示数"这节公开课时，有这样一个片段让我感触颇多。教师用一则童谣导入新课："一只青蛙一张嘴，两只眼睛四条腿，扑通扑通跳下水；两只青蛙两张嘴，四只眼睛八条腿，扑通扑通跳下水；三只青蛙……"这则歌谣越往后说数字越大，说起来也越困难，由此可以引出今天需要学习的内容——用字母表示数。这个时候教师提出了一个问题："如果 a 只青蛙，那么怎么说呢？"这时一个男同学站起来说："a 只青蛙 b 张嘴，c 只眼睛 d 条腿……"教师显然没有预料到会出现这种情况，不知如何应对，然后对学生的回答不予评价，沉默地绕了过去。

这个同学的回答错了，其实可以把这个错误转化为有价值、有意义的教学资源。可以继续结合这个错误向学生们提出新的挑战："这位同学很善于思考，不仅仅认识到可以用一个字母来表示数，而且发现可以用多个字母来表示数，我们来想一想，在这 4 个字母之间有怎样的等量关系？"通过观察它们之间的数量关系，进而发现自己理解的误区，顺势推导出"a 只青蛙 a 张嘴，2a 只眼睛 4a 条腿"。

在教学中要善于利用学生出现的各种各样的错误，把它当成最好的资源，将思维引向纵深，可以使学生混沌的思维得以清晰，使或隐或现的知识得以显现。然而很多教师不愿意看到学生犯错，特别是各种各样的公开课、展示课中学生出现错误，会让他们觉得丢面子，甚至有的教师在面对学生的错误时无法应对。因此很多课堂教学中为了减少和回避出错的可能，而使学生失去一些自主探索、深度学习的机会；很多学生在尝试某种解题思路时，因与教师的教学思路不同而被教师叫停，从教师那里听某种正确的解法，刚刚有所萌动的创新被扼杀在萌芽中；还有的教师怕一个错误会导致更多、更大的错误，殊不知，一时的无错不过是蒙蔽事实、掩饰实质的假象而已。

好的课堂不是按照预设顺利进行的课堂，而是不断生成有价值的错误的课堂。在课堂教学中，教师要有一双善于发现错误的眼睛，而发现不等于看见，它更是捕捉、是判断、是确认、是显微与放大。教师在学生成长期的"扶一扶""导一导"，就是当为之事。

4. 立德，养其心田

教育仅仅赋予学生知识、技能是不够的，还需要培养他们正确的"三观"，围绕育人之核心价值"养心"，方能助其更好地成长、成人。课堂是教学活动的主场所，是教师育人的主要渠道。教师要从课堂教学做起，让学生在知识学习中潜移默化地学会做人，把做人和学习知识有机结合起来，从而实现立德树人的教育目标。

结合教材内容和学生的实际进行道德教育，帮助学生逐步树立科学的人生观、世界观和价值观是学科教学的重要任务，也是全面贯彻党的教育政策、实施素质教育、培养创新人才的必然要求。因此，教师必须坚持教学的教育原则，以道德教育为重点，注重学生的全面发展，注重培养学生健全的个性，始终致力于"让每个孩子成为有用的人才"。

二、授业无为：尊其道，顺势而为

曾经读过这样一则小故事：有一位渔民，是捕鱼的能手，被渔民们誉为"渔王"。渔王渐渐老去，他的三个儿子捕鱼技术却平庸，这位渔王在暮年的寂寞岁月中回顾自己的一生，却始终都想不明白怎么教出三个渔技平庸的儿子。在三个儿子幼小的时候，他便穷尽心力，教儿子怎样织网更容易捕捉到鱼、怎样划船才能不惊动鱼群、如何下网才能"请君入瓮"。等到儿子长大，他又手把手地教他们如何去识潮、辨鱼汛，把自己一生捕鱼所积累下的经验毫无保留地传授给了儿子们，可是到头来儿子们的捕鱼技术还不如普通的渔民。

故事中的渔王和现在大多数教师一样，在教学时，恨不得把自己所有能传授的知识经验都毫无保留地灌输给他们。在课堂上，不厌其烦地解说着学生不清楚的知识点，对于学生容易犯错误的地方提前预警，尽可能地消除学生犯错误的可能性，鞠躬尽瘁地为学生的成长铺设好一条平坦之路。可是结果却往往令教师失望，学生学得很辛苦也不感兴趣，教师的努力并没有使学生感到学习的快乐，反而变得越来越畏惧学习。这些现象的启示是，在教学中，教师要有所不为，如何做到"无为"呢?

1. 备课，遵循学生认知水平

教师在备课时，要研究教材，敢于舍弃教材中的一部分知识。教材中的内容如何取舍呢? 首先要认真了解学生的心理和认知情况，一切从学生的实际出发。很多低效的课堂，并不是由于教师知识储备不足，更多的是教师在备课中不能从学生的实际出发，不遵循学生认知发展水平，从而无法满足学生的实际需求造成的。

其一，找准教学的起点。教师备课先要找准教学的起点，这就需要教师了解学生原有的知识经验基础，即学生学习的起点能力。起点能力就是学生面对这些特定的学科内容或学习任务，已经具备的有关知识与技能的基础，以及对有关学科的认知水平、态度等。它影响着学生新知的学习，以及课堂上的学习效率。当教师在备课时，要了解学生接受信息的速度、容量，找到双方的平等、互补之处，依据学生的实际情况确定认知起点，对教材内容进行整合、取舍，从实际出发创造性地使用教材。

其二，整体分析，科学取舍。教师在备课时，要尽可能地在整体把握整个小学阶段的知识编排体系、一个单元中各知识点间的联系及例题和练习题之间的联系的基础上，科学合理地处理教材。针对教材每一单元中起承上启下作用的部分知识，即单元的重点内容，以及学生在学习中普遍感到困难的知识点（单元的难点），教师在备课时要注意在整体把握、找准重点和难点的前提下，教学设计做到突出重点，分散难点。

其三，结合实际，对难易程度进行加工。在备课时，教师可以联系生活，从学生现有的经验和知识出发，根据学生不同的现实起点，淡化教材中学生已经经历过或掌握的内容，甚至一笔一笔地整理出学生没有或缺乏的内容，科学设计探索内容和任务，让学习起点不同的学生积极参与讨论和研究。当然，教师也可以处理和设计教材中难度较大的新知识，降低难度，使其成为学生比较熟悉的内容，激发学生解决问题的欲望，让学生在新旧知识的比较中找到共同点和差异点，顺利完成正迁移，通过类似的探索解决新问题。

2. 课堂，激发学生的内在动力

笔者所在学校的初中部有两位历史教师。一位比较"懒"，上课经常对学生说自己看书，然后给学生提供一些历史方面的书籍，让学生通过感兴趣的内容来了解更多知识。这位教师上课经常不讲课，很多时候学生是在自学。另一位教师很勤奋，课堂上总是不遗余力地给学生分析一些历史事件，上课一讲到底，能讲的都给学生讲到，生怕漏下一个知识点而耽误了学生。两位教师教出的学生同时参加考试，结果"懒"教师的学生历史成绩远超过那位"勤"教师的学生的成绩。

有时也会听到这样的课：教师设置了很多问题，教师和学生之间或讨论或交流，课堂"活泼"，学生"感兴趣"，但学生掌握知识和形成能力的效果并不理想。原因是热闹的背后缺乏思考和探索。此时，教师应充分尊重学科的特点和学生的探索本能和个性，为学生留下思维空间，教学生自学方法，并将学习主动性归还给学生。让学生综合运用学科知识，发现和提出问题，独立分析和解决问题，从学到乐学、会学、善学、巧学。

教育真正需要做的是挖一个美妙的池塘，引一汪清澈的池水，然后静静地等待奇迹。"道常无为而无不为"，只有无为，方能无不为。教育无为不是听之任之，而是要遵守"道"，为孩子创造适合的场地，在遵循规律、尊重法则、顺应天性的基础上给予孩子切实的指导，帮助孩子成为最好的自己。

主题 2

重新思考目标定位：
从知识为本走向素养为本

纵观新课程标准的变化，教学目标从"双基"到"三维目标"，再到"核心素养"的历史性变革，是我国新课程改革的进步表征。新课标指出要把教育从知识本位转向素养本位。"核心素养"的界定意味着学校课程与教学的目标从"知识本位"转向"素养本位"，开启了新时代的知识观与学习观。因此，在教学中，教师也要重新思考目标如何定位。

一、从教学目标向学习目标的转换

教师在制定教学目标转向学习目标时，首先要明确什么是学习目标。很多教师认为教学目标和学习目标是一个概念，只是顺应课程改革的需要变化一下说法而已。其实学习目标并不是教学目标，学习目标在设计方法和所要达到的目的方面都不同于教学目标。

教学目标是从教师的视角出发，用来指导教师的教学的，是教师对学生通过课堂教学所应该得到的学习结果进行的具体描述，它只是教师所期待的学生得到的学习结果。学习目标是从学生的视角出发，是用来指导学生学习的。它是为实现学生预期的学习结果，向学生传递一个单元或一节课的学习内容。通过学习目标，学生能清楚地知道在一个单元或一节课中最终要得到的结果是什么。有了这样的学习目标，学生在学习过程中才能自主地规划自己的学习路径，主动自发地参与学习进程。

以《始得西山宴游记》一课为例，以往教案中出现过这样的教学目标。

1. 培养学生积累文中出现的常用文言实词和文言虚词的能力，如"惴栗""隙""趣""徒""缘""斫""箕踞""际""志""而""乎""其"等。

2. 让学生自己熟读课文、厘清文章思路，理解第一段不直接写西山的妙处。

3. 通过对比教学，使学生领会西山之怪特与作者遭遇挫折却不甘沉沦的人格之美及二者是如何相互映照的，引导其感悟"悠悠乎与颢气俱，而莫得其涯；洋洋乎与造物者游，而不知其所穷"的天人合一境界。

显然，以上教学目标中使用的动词"培养""让""使""引导"，它们的主语都是教师，这样的表达都是不符合要求的。学习目标所涉及的行为主体一定是学生而不是教师，即使省略了主语也是明确指向学生行为的。再来看现在学习目标的表述：

1. 通过多梯度的朗读，找出文中出现的常用文言实词、虚词以及特殊句式，厘清文章思路，提高文言文阅读语感。

2. 通过探究的方式，概括地写出柳宗元笔下西山的独特之处，用自己的话说出西山之怪特与作者遭遇挫折却不甘沉沦的人格美相互映照的艺术魅力，能用"融情于景"的写作手法进行写作。

3. 通过对文化背景知识的拓展，能够说出作者获得的精神感悟，增强对"山水之乐不在山水，在于作者的生活态度"这一传统文化的认识，体悟到中国贬官文化的时代意义。

从以上案例可见，教学目标的陈述方式通常高度概括。在表述目标时是从教师的角度去表述的，通常采用比较抽象的动词，如"理解……""掌握……""解释……"。那么，什么是"理解"呢？学生学到什么程度叫"掌握"呢？从哪些维度去"解释"呢？对于这些问题，教师是清楚的，教师知道该做什么、该讲到什么程度、该从哪些维度去解释，但是学生是不明白也不清楚的。也就是说，这样的目标是写给教师的，是教学目标。而在学习目标的表述中，用"找出""说出""描述出"等这些学生可执行的描述语言，能够让学生知道要学什么、为什么学、怎么学，消除学生对教学目标的疑惑感。

二、怎样设计指向核心素养的学习目标

教师在进行课堂教学时，在课前通过多媒体课件出示本节课的教学目标，或

者曾被要求在黑板上写出教学目标，让学生知道这是本节课的教学目标，课堂督导也会将此作为教学评估的一部分。但是这样出示的教学目标学生是否能看懂？对学生的学习是否有帮助？比如，像这样的教学目标："学生能够知道在金属中加入其他元素可以改变金属材料的性能，知道生铁和钢等重要合金。"像这样的表述语言往往容易引起学生的抵触，因为它是用第三人称来指代学生，同时还让学生对课堂学习的内容感到迷惑，因为学生还没有开展课程内容的学习，无法直接从字面上理解这句话的意思或这些概念。

怎样制定一节课的学习目标呢？学习目标的制定先要从分析教学目标开始，通过教学目标指导单元和每节课的学习目标。这就意味着，教师的教学目标必须明确具体、可操作、可评价，并且符合课程标准的要求和学生的学情。因此，在设计学习目标前，教师需要思考关于这节课的三件事。

第一，这节课学生所要获得的基础知识（事实、概念或者原理）和基本技能（步骤）以及所要发展的学科核心素养是什么，学生已有哪些基本活动经验。

第二，这节课的基本结构是什么？

第三，这节课学生可以遵循的学习路径是什么？

如果从以上三个方面对教学目标进行挖掘，就会提取出制定学习目标的"原料"。这个"原料"可以当成这节课"赖以生存的理由"。结合学生潜在的学习路径，下面从四个方面来阐述如何设计学习目标。

1. 明确学什么

教学中教师设定学习目标前，首先要明确这个主题或单元或某一节课的学生要学习的基本内容，要对学生即将学习的内容有深入的了解。如果只是把学生需要知晓的事实和概念简单地罗列出来，那么在教学中就无法更广泛地迁移运用知识去发展学生各方面的能力。在制定学习目标前要先通过"三研"来读明教材。"三研"都是研什么呢？

第一研：研明知识体系。首次研读教材，要先带着这节课"学什么"这个问题，明白教材针对某一主题，具体编排了几个知识点、分别是什么、它们之间存在怎样的关系等。例如，在语文教学中，以名家名篇为载体的内容，可以基于不同类型的认知内容（如散文主要包括散文的类型、特点、叙述方式等），还有教材中各个课题的相关栏目（如语文的"预习""思考研究""日积月累""相关阅读""读读写写"等）梳理相应的知识体系。

第二研：研明教材进阶。第二次的研读教材就是站在客观的立场，重点是理清教材的编排进阶，带着"怎样学""如何学会"等问题进行教材的精读，仔细研读教材中的每一个细节，对话每一个细节。可以按照两个层级对教材的进阶进行梳理：第一层级先来梳理教材中知识要点的顺序编排；第二层级是对于教材中各要点的认知进程和设计进行凝练概括。以"电荷"内容为例，第一层级可按照"摩擦起电—静电—电荷间的相互作用"进行展开；第二层级的"电荷间的相互作用"，设计"提出实验—给出实验方案—得出实验结论"进程。基于此，研明教材的进阶对新型教学下的学习目标的制定有着至关重要的作用，它直接决定了指标实现的质量。

第三研：研明核心素养的发展。最后研读教材，是要再次明确研制的学习目标，要不忘立德树人的初心、牢记核心素养发展的使命。这一次研读教材的有效策略就是带着"为何学"这一问题，先去研读课标中规定本课程所描述的学段目标和课程内容，以及所要培养的核心素养，做到既能知道它的含义，又能从整体上把握内在关联，还要做到对各个方面的核心素养进一步细化。例如，就数学课程要培养学生三个方面的核心素养，数学思维是基础，如果没有积极的、高品质的数学思维，其他两个方面的核心素养也将是空中楼阁。没有思考就没有学习的发生，没有高阶思维就没有深度学习，没有深度学习就难以发展学生的核心素养。由此可见，思维的发展是研制学习目标应指向的必不可少的核心素养之一。例如语文课程的"思维能力"、科学课程的"科学思维"等，将教材的内容与核心素养进行双向对标，以此来找准教材中所蕴含的学生需要发展的核心素养。

2. 明确学到什么程度

教师在教学中明确了学什么内容后，就要科学决策每个学习内容的要点要学到什么程度，这一步的策略就是要基于课程标准中的"课程内容"的相关描述（如针对数学课程，主要包括课标中描述的内容要求、学业要求和教学提示），然后结合学情、教学经验等进行综合的研究判断。例如，教学数学中的"三角形三边关系"内容时，数学课程标准中的"内容要求"是知道三角形任意两边之和大于第三边；知道三角形内角之和是 180°。"学业要求"探索并说明三角形任意两边之和大于第三边的道理；通过对图形的操作，感知三角形内角和是 180°，结合学生对"三角形"已有一定的生活经验，可以确定"三角形三边关系"的学业要求为"探索"，"三角形的内角和"的学业要求是操作。

基于以上的两步，新型教学下学习目标制定的"内容标准"叙写的策略为"学业要求+内容要点"，如知道（学业要求）三角形任意两边之和大于第三边（内容要点）、探索并说明（学业要求）三角形任意两边之和大于第三边的道理（内容要点）等。

3. 确定实现学习目标的指标

实现学习目标的指标就是要科学、合理地决策一级学习目标中的"内容标准"如何具体的达成，并落实核心素养的发展。制定实现学习目标指标的思路就是要针对每一条内容标准，系统规划学生学习需要经历的几个阶梯，在每个阶梯之上学生要通过完成什么任务才能达成内容标准中的一个实现指标。

实现指标的叙写方式一般是"通过什么样的学习过程"（要表述为较为完整的指标要素——条件：在什么情境中、按照什么样的编制等；行为与表现：学习需要做什么和怎么做），"可以实现什么样的预期结果"（对应的评估标准）。以数学学习"分数的初步认识"这一教学内容为例，学习目标如下。

1. 在观察、操作、比较中，能用不同的方法表示不能平均分的物体的数量，发展符合意识。

2. 会读、写几分之一，知道分数各部分的名称，能够结合具体的操作说清楚每一部分所表示的含义。

3. 能用分数描述生活中的一些事物，并能描述其含义，发展应用意识。

通过以上案例可见，一个明确的实现学习目标的指标应该是表述清晰、较为具体、可测量和可操作的。因此，在制定实现学习目标的指标时应少用"理解""掌握"等较为模糊的认知性目标的动词，而要用较为具体的可观、可测的行为动词，如"举例说明""能用不同的方法表示"等。

4. 与学生分享学习目标

当看到与学生分享学习目标时，多数教师的脑海中会呈现这样的画面：在讲解新课前在黑板上写出或者运用多媒体课件出示本节课的学习目标，然后带领学生读一读这些学习目标——这就是分享学习目标了。然而，这里所说的与学生分享学习目标并不仅仅指这些。当用到"分享"这个词的时候，指的是教师在形成性的学习周期内，使用多种策略来确保学生可以明确、理解每天的学习内容是什么，以达到什么样的标准为目标。

一个有效的学习目标必须面向学生，向他们表达这节课的基本内容结构，并合理地解释让他们这样做的目的是什么。这就要求教师在和学生分享学习目标时不能仅仅简单地告诉学生在课堂上该做什么。要想使其有效，还必须从一个还没有掌握学习目标的学生角度来加以阐述，比如可以通过以下两种策略来向学生分享学习目标。

（1）分享目标策略一："启动提示"四步走

在分享学习目标时采用了一组"启动提示"，即从学生的角度分析了学习目标、学生的理解性表现和达成指标的标准。该策略的4个启动提示为：

·这节课我们将学习……

·我们将通过什么样的操作过程证明自己可以通过……

·为了了解我们学习目标的达标情况，我们将发现……

·学习这些内容对我们非常重要，因为它可以为我们后续学习……

下面以三年级语文课为例来说明这4个启动提示是如何协同作用，从而实现与学生分享学习目标的。这节课的学习目标是"学生将学习如何对一个故事的4个主要事件进行排序"。

第一步：解释学习目标的词汇要有利于指引学生的学习。学习按照故事中最重要的四件事的发生顺序对故事进行排序，可以用"首先""其次""再次"和"最后发生了什么"来回答。

第二步：描述学生的理解性表现。展示用图片的4个主要事件进行排序的方法来呈现需要记得的故事。

第三步：描述学生发现故事顺序的过程。在重读故事时，为了了解自己的学习状况，寻找并判断自己所呈现的图片顺序与事件顺序是否相匹配。

第四步：建立相关性联系。对学生来说，无论长大后做什么，能将故事中发生的事件按照正确的顺序排列是非常重要的，它不只是帮助学生理解和记住读过的故事，还能帮助学生在接下来的学习中写好自己的故事，知道并记住重要的事情的发展顺序还有助于学习其他学科。这些都是学生生活中需要的技能，比如医生、教师、音乐家、科学家等职业，都必须知道并遵循事情发展的顺序。

（2）分享目标策略二：学生讲述学习目标

对学习目标的分享可以采用让学生来描述解释学习目标和评价目标达成的标准的策略。在分享一节课的学习目标后，要求学生利用3~5分钟，用自己的话来说一下对学习目标的理解，让学生们用"探寻法"来确定自己现在在哪里，距离需要达成的学习目标有多远。通过与同伴、学习小组内或者班级中共同讨论来确保每个学生都能理解教师所呈现的学习目标。

其一，使用量规分享学习目标。在分享那些比较复杂的概念、过程或技能的学习目标时，量规是非常重要的评估工具。一个精心设计的量规是非常有效的方法，它不但可以分享当天这节课的目标，而且能够在一个连贯的单元学习中始终围绕着学习目标帮助学生走向更精通的理解水平。一个高质量的量规可以对不同学生所要达到的程度做出准确评估，同时还可以帮助学生对学习效果的策略选择做出改善。高质量的量规还可以帮助学生设定每天学习的短期目标并逐渐通往长期目标。

其二，使用量规检测学习达标范例。利用量规来帮助学生辨别不同层次的学习效果是分享学习目标的有效方法，这一过程就是评价，是能让学生拥有自我评价能力的发展过程。在用量规检测范例或使用量规的评价标准的描述来观察表现，学生的重点应放在突出量规中说明作品质量的准确语言，然后放在小组或者班级中，用量规中的语言来分享他们的评估，证明他们的判断。

教育学上有个有趣的故事：一只青蛙和一条鱼儿生活在同一个池塘里。一天，青蛙从池塘里跳上岸，去见识外面的世界，几天以后又回到池塘，给池塘的鱼儿讲述自己在岸上看到的新鲜事，说："外面有一种动物叫作牛，有四条粗壮的腿，还有一条长长的尾巴，头上有两只角，还会吃青草……"鱼儿好奇地听着，脑海里形成了一幅生动的画面：像鱼儿一样的身子，长着四条腿，头上有两只角，嘴也像鱼儿的嘴一样，只不过会吃草了……

在这里我们明显地看到，不论青蛙把牛的样子描绘得如何清楚，在鱼儿的脑海里，牛的样子总是脱不开鱼儿的形象，这是由鱼儿本身的见识所决定的，与理解能力无关，它没有见过牛的样子，想象出的样子总和它曾经见过的熟悉的东西分不开。引用到我们日常与孩子的交流和教育中，只要稍稍留心，就会发现，我们觉得已经讲得非常清楚的东西，在孩子的脑海里可能只是一个"鱼牛"的样子。

在故事中青蛙只是在说，鱼儿只是在听，这就如教学过程中教师的教与学生的学，青蛙无论怎样讲授，如果鱼儿没有亲身经历过，也想象不出牛到底是什么样子的。如果鱼儿也能像青蛙一样跳出水面，亲自观察，获得直观感受，就会有不同的结果。反观倡导新型教学的今天，指向核心素养的教学过程需要秉承以学为中心的教学立场，弄清教师的主导作用与学生主体作用的内在联系，明确以教服务于学的态度处理好教师与学生的相互作用关系。

主题 3

重新思考任务设计：
核心任务驱动下的课堂教学

核心任务驱动下的课堂教学改变了传统的教师讲、学生听的"以教定学"的学生被动接受的教学方式，创造了以学定教、自主参与、协作交流、探索创新的新型学习模式。这种课堂教学关注学生的学习经历，可以充分调动学生的学习积极性，从"被动接受"到"主动探究"，让教学活动更加聚焦核心问题，提高学生的学习能力。

一、什么是核心任务驱动式教学

以核心任务为驱动的课堂教学，是一种以建构主义学习理论为主，融合"最近发展区"和相关心理学研究成果的教学方式。这种教学方式是创设一种以核心问题为载体，并创设真实性的教学情境，提出一个核心任务和一系列子任务，唤起学生强烈动机，通过对学习资源的积极主动运用，进行自主探究和互动协作的学习，从而培养学生分析问题和解决问题的能力。

某学校二年级的数学教师在用乘加或乘减解决问题的教学中，解决问题时设计了如下任务。

总任务："get 新技能 迎接淘宝节"新一届校园淘宝节马上就要开始了，同学们即将升入三年级，活动中不再允许家长协助，需要独立完成所有买、卖任务！为了获得参与资格，必须学会新的技能！你觉得要想独立参加淘宝节，需要掌握哪些技能？又该如何获得这些技能呢？

子任务 1：提升"会卖"技能，争夺"摊主徽章"。假设你是小摊主，请你找一找淘宝节上有哪些算总价、找零、整理货物的任务，想办法完成吧！

子任务 2：提升"会买"技能，争夺"采购徽章"。假设你是采购员，请你找一找淘宝节上有哪些需要比较价格、按需购买的任务，想办法完成吧！

通过以上案例可以看出，核心任务驱动式的课堂教学借助这样一个"关卡"式的任务单，让学生在破解"关卡"的过程中增强成就感和体验到满足感，进而迸发出无限力量，驱动学生进行学习和探索，进入全局的实践学习体验。

二、任务式教学与传统教学的区别

在"双减"背景下，单纯以"双基"评价的时代已过去。现在更多地突出学生的全面发展和思维培养，突出解决问题能力和创新精神。所以课堂改革势在必行，任务驱动型课堂正日益成为大家研究的方向。以解决实际问题为情境，在其中运用学生已有知识和经验，突出问题解决，激发学生思考。当问题解决了，"四基四能"目标也实现了。

1. 呈现真实的任务情境

在传统教学中，情境设计大多表现为"初学者的兴趣"，更多的只是为了使学生"觉得挺有意思"而想学习新知识。正因为"这个兴趣是肤浅的，不能支持你走很远"，学生往往缺乏足够的动力维持学习行为。而核心任务驱动的课堂教学情境的创设以学生感兴趣的情境，精心设计富有挑战性的任务，将教学内容巧妙地隐含在每个任务之中，学生们在完成任务的过程中会发现问题，产生认知冲突，引发学生讨论，在师生交流和生生交流的状态下答疑解惑，促进学生"四能"的发展。我们通过两个案例进行比较。

【案例1】张老师教给学生用英文写一个信封地址，寄给王华，寄信人地址写学生自己的家庭住址。张老师给学生提供王华的中文地址。在课上给每个学生一份中英文地址样例，然后进行了一系列精彩细致的讲解，怎样写英文地址，解释中英文格式的区别，并阐释一些语言点，如写地址所涉及的"区""栋"等词语的英文表达法。

【案例2】李老师教给学生用英文写一个信封地址："你的哥哥（小姨或你母亲的朋友）在美国，你妈妈给他写了一封信，但她不懂英文，把他的地址交给你，让你用英文写上信封地址，并把哥的地址给了你。注意中英文信封地址的格式和写法不同。你们不知道怎么写没关系，可以去图书馆、书店查阅有关英文写作的参考书，或上网查询，也可以问别人。如果遇到生词，查词典或上网查阅。"下一次上课时，李老师组织小组讨论，话题是"各自写的地址格式和写法有何不同以及你从哪里获得的有关写英文地址的信息"。小组活动后，李老师抽查几个组为全班展示，然后对与此练习相关的语言点和难点进行归纳解释。

以上两个案例反映两种截然不同的教学方法。案例1采用的是典型的传统教学方法，其特点是讲授，然后通过机械操练巩固。案例2是一个任务型教学活动范例，给学生布置一个任务让学生在做事的过程中学习英语，然后教师对相关的语言点归纳讲解。这两种教学方法的主要区别为：传统教学重知识传授而忽视能力培养，如在案例1中，张老师偏重英语应用文写作知识的讲授，设置的作业也是围绕所学的机械性操练。而任务型教学则体现了新课标推荐的培养目标：在教学中不仅仅要考虑语言知识，更多的是注重学生获得这些知识的方式方法。

2. 核心问题讨论方法，促进学生理解和迁移

任务驱动型课堂有别于"听说式课堂"。"听说式课堂"是师问生答，一问一答，看似流畅，实则缺少学生的深入思考和体验；即使有讨论和探究，也是优等生唱主角，更多替代大部分学生的思考。大部分学生凭记忆和模仿学习。

核心任务驱动型课堂也有别于我们日常常用的"五步教学"的课堂。很多教师已习惯于复习旧知、讲授、巩固练习、总结收获、课后作业的五步教学，课上引导学生一起学习例题，然后逐次完成课后的练习题。大家认为把题目都做对，就完成了学习目标。学生多练习多刷题，能快速提高成绩。这种以"双基"为核心的教学更注重学生纸笔上的目标达成，而忽视了学生动手能力和解决实际问题能力的培养。

核心任务驱动型课堂，应该是在教师指导后的科学有序的探究，突出教师的主导作用，而并不是一味放手，由学生独立探究。教师启发学生面对新的问题，思考以往解决类似问题的知识经验，合理地设计解决问题的步骤，并能在实践中不断地检验和修正，获得最优化的方案，使问题得以有效解决。

某学校数学教师在教学"圆柱的表面积"这一节课时，以一个教学情境引入课题：同学们喜欢吃冰激凌吗？那今天这节课我们就来制作"创意"冰激凌。出示单元大任务，制作符合规格的圆柱形冰激凌，并计算需要多大的包装纸。（接头处忽略不计）学生先进行思考，然后进入合作探究阶段。

活动一：头脑风暴，制订方案

对学生活动提出明确要求。（1）独立思考：怎样才能做出符合规格的圆柱形冰激凌盒子？（2）组内交流：达成共识，制订方案。（3）动手实践：依据方案做一做，看看有什么发现？

学生完成以上活动后，发现圆柱是由一个圆形底面和一个侧面组成的。圆形

的面积同学们都会计算。接下来通过拆分学具，探究圆柱侧面的奥秘。

活动二：拆分学具，探究圆柱侧面的奥秘

这次活动对学生提出明确的任务要求。（1）剪：说一说你是怎么剪的？（2）看：剪完后你看到了什么？（3）想：根据你看到的，你又想到了什么？把探究的过程梳理到学习单上。

通过以上活动，学生自主发现把圆柱的侧面剪开，得到一个长方形，通过测量发现长方形的长就是圆柱的底面周长，长方形的宽就是圆柱的高。把曲面图形转化成平面图形，让学生经历从三维到二维的过程。

再引发学生思考：圆柱的侧面展开图除了长方形还可以是什么形状？

学生先猜测，然后进行验证。经过计算验证，当圆柱的底面周长和高相等时，圆柱的侧面展开图就是正方形。总结出圆柱侧面积的计算公式：圆柱侧面积＝底面周长×高。

活动三：计算圆柱形包装纸的面积

根据上面的研究，学生完成以下任务。（1）算一算：独立计算圆柱形包装纸的面积。（2）说一说：你是如何计算的？

从案例可以看出，本节课教师呈现问题后，引导学生讨论解决步骤，学生根据对表面积概念的理解，依据以往的经验，提出剪（化曲为直）、量（测量数据）、算（计算各面面积再相加）、验（检验结果及方法）4个步骤解决问题。在这个过程中，教师调动了学生对表面积概念的理解，理解和运用了化曲为直、变中不变的数学思想，培养了学生有序思考的良好习惯。这个环节并非教师告知，而是师生研讨中逐步形成的解决方案和思路，真正凸显了教师的主导作用和学生主体作用。

3. 引发认知冲突，突出问题本质

任务驱动型课堂反对教师在知识重点和难点上一味的讲解，而是重视学生的交流和思维的碰撞。还以上面"圆柱的表面积"这节课为例。

在把圆柱的侧面展开进行测量，学生全班汇报时，大部分学生测量了3个数据：圆的半径或直径、侧面展开后的长和宽或底和高；而有的学生就直接测量底面直径和高，就可以计算出圆柱的表面积。这无疑会引发学生的思考：为什么测量出底面直径和高就可以计算出圆柱的表面积？随后在生生讨论、碰撞中发现了隐藏的关系：底面周长就是侧面的长。

这是学生自己发现的，他们课上情绪激昂，满眼惊喜。这一活动激发了学生们的学习兴趣，培养了他们观察分析、善于优化解决问题的能力，而这一发现不是靠教师讲、学生听来解决的，而是学生自己动手操作和深入探究获得的。

这样设计教学环节，学生有充分的时空探究解决问题的难点，认知会更深刻。教师要善于设计和驾驭这样的环节，形成全新的课堂面貌，而且要步步为营，让"四基"真正得以落实。

4. 改变练习方式，重视动手实践

任务驱动型课堂重视学生学习成果的达成和检测。按照单元整体教学的思想，我们把每个环节都设定成测评表现的标准，课上及时对相关层次的学生进行测评。同时努力改变纸笔练习的现状，改单纯的纸笔练习为动手操作。

在研究了圆柱体表面积的计算方法后，任务驱动课堂一改以往纸笔练习的方式，为学生们提供了根据所学知识制作圆柱形纸盒的材料。在这个过程中，学生们要通过计算、测量、切割来完成作品。在这个过程中，学生们的知识得到巩固，空间概念得到培养。在随后的练习课中，学生们表现出了出色的解题能力，无论是正向、反向，还是变体综合，都能够游刃有余地解决问题。

三、核心任务驱动式课堂教学的策略

任务驱动课堂教学的核心是设计学生在一项或多项任务中需要学习的知识。在解决这些任务的过程中，学生发现问题、提出问题、分析问题然后解决问题，并获得本课学生所需要的内容。这一过程也类似建构主义学习理论所认为的学习环境的四要素"情境""协作""对话""意义建构"，而这恰恰是核心任务驱动课堂教学的基本教学环节。具体到教学实施，这种课堂教学方法包括以下 4 个基本策略。

好课的八大要义

1. 创设真实、有趣的问题情境

在课堂教学过程中，教师应创设与当前学习内容相关的尽可能真实、有趣的教学情境，引导学生进入具有真实学习任务的教学情境，使学生的学习任务更加直观、形象化。在这样生动直观的任务下，可以更有效地激发学生的学习兴趣，引发学生的联想，唤起学生原有认知结构中的相关知识和经验，从而帮助学生将相关知识融入原有的认知结构中。将经验的迁移运用到新知识的学习中，从而培养学生自主学习和建构的能力。

作为核心任务式驱动型课堂教学的第一个环节，教学情境的创设起着引领课堂教学、激发学生学习兴趣的作用。任务驱动式课堂教学只有依靠真实的任务情境，才能充分调动学生的积极性，使学生能够主动地参与任务的确立、分析任务、解决问题等，进而发挥学生的主体性，实现对学习意义的建构。

（1）联系生活实际设置教学情境

教学实践证明，教师在教学中所创设的学习情境越贴近学生的生活，就越能激发学生的学习兴趣，使学生体验到学习的乐趣和作用，能够更好地培养学生的实践能力和解决问题的能力。

某教师在运用核心任务驱动式课堂教学进行"平均数"教学时，一上课就将学生带入了真实的情境中，上节课我们班男生和女生进行了套圈比赛，男生代表队投了四局，图中是他们投中的数据；女生代表队投了五局，数据如图所示。现在我们要对套圈水平高的代表队发奖，同学们，你们认为哪个队的套圈水平高？学生听到问题后，开始讨论起来，女同学认为女生代表队套圈水平高，因为她们套中的数量最多。男生代表队不同意，说女生套了五局而男生套了四局，这样算总数不公平。这时教师适时提问怎样才公平呢？学生经过一番思考说出要算出每组的平均成绩，也就是这节课所要学习的平均数。

通过以上案例可以看出，与学生生活密切相关的事例，对于学生而言，会感到十分亲切，能一下拉近学生与数学的距离。只有把学生的学习内容和生活实际联系起来，学生才能真正体会学习数学的应用价值，才能真正激发他们的学习积极性。

(2) 通过实践活动创设教学情境

在课堂教学中，教师在创设教学情境时，要结合建构主义的学习理论，学生获取知识、思想和方法，应该在一定的情境下依托教师的指导，通过自身有意义的探求主动地获得。因此，教师要最大限度地创设一些有意义的情境，使学生通过自己动手、动口、动脑等，最大限度地参与到探究新知识的实践活动中，达到获得知识与提升能力的协同发展。

某教师在教学"圆的认识"一课时，设计了这样的情境：周末我们班级开展红领巾志愿者活动，去养老院看望老人，我们需要制作三种不同大小的圆形团扇作为送给老人们的礼物。上节课已经完成了制作一个圆形团扇的大体步骤，这节课就让我们一起开启制作团扇的旅程，先来制作团扇面。要想制作团扇面，我们要先来画一个圆形，你会画圆吗？

(3) 在新旧知识迁移中创设教学情境

教师在创设教学情境时，可以通过唤醒学生已有的认知经验，通过寻找新旧知识之间的密切联系，找到制造新旧知识联系的冲突点，引导学生结合已有的认知经验提出新的问题，温故而知新，激发学生积极探索问题的兴趣，驱使学生利用已有的知识经验和方法来探索新知。用这样的方式来创设情境，不仅使学生明确了探究的方向，而且大大激发了学生们探究新知识的欲望。

一位数学教师在讲授"三角形的面积"时创设了这样的情境："之前我们用转化的方法将平行四边形转换成长方形来推导平行四边形面积的计算方法，我们是否可以通过变换的方法来推导三角形面积的计算方法呢？你可以试试。"

(4) 创设认知冲突创设教学情境

在教学实践中，那些现实的、具有挑战性的、有趣的、位于学生认知结构"最近发展区"的非常规问题，学生"跳一跳"就能够得到的问题，能够激发学生强烈的探索欲望。此类会造成认知冲突的问题情境，使学生处于一种得不到自己想要的、说不出自己想要的状态，从而导致认知冲突和认知失调，以此来激发学生的学习兴趣和使用各种策略来解决问题的欲望。

某教师在教学讲授围栏面积时创设了这样一个教学情境：分别用两根铁丝（一根长20厘米，另一根长24厘米）围成长方形，这种情况下哪根铁丝围出来的面积大呢？学生都猜测周长长的那根铁丝围出的长方形面积大。教师提出"周长长的铁丝围出的面积是否就大"的问题并让学生进行验证，当有学生围出长11厘米、宽1厘米的长方形和长8厘米、宽2厘米的长方形时，学生就能够获得正确的认知。

此时要注意的是，在核心任务驱动的课堂教学中，课堂教学活动就是一种情境，要突出学生的主体地位，创设更加民主宽松和谐的课堂氛围。在研读教材的过程中，充分发挥问题情境在教学中的作用，始终让学生的思维处于活跃的积极状态，注重"燃情造境"，学生充满热情地带着"任务"进入学习情境中，才更能激发学生的想象能力，从而实现高层次的情感目标。

2. 设计以核心问题为驱动的任务

核心任务驱动式的课堂教学，教师需要设置不同类型的学习任务。教师在引导学生发现问题、提出问题，通过合理确定学习任务，在完成一系列任务中解决问题，方能培养学生的自主探究能力。在这个过程中学生才能养成独立思考、独立学习的良好习惯。

任务是核心任务驱动式课堂教学的核心。一节课成功的关键在于提出的任务。因此，教师在备课时，要精心设计任务，将课上学生所要学习的知识巧妙地隐含在每个学习任务之中。在课堂上教师根据真实情景提出任务，给学生提供逐层深入的学习路径，让学生带着特定的学习任务开展学习、探究活动。如此一来，才能使学生更加深入地学好知识和技能，发展核心素养。

（1）充足的准备是设计好任务的前提

核心任务驱动式课堂教学最关键的地方在于任务的设计与组织，只有设计的任务明确具体，组织方式合理，才能达到预期的教学效果。教师在运用任务驱动课堂教学时，需要在分析课程标准中的学段目标、课程内容，了解课程标准中对这部分教学的学业要求、内容要求及教学提示，明确学生要学什么、怎么学以及学到什么程度，再对教材及学生的学情进行分析，知道教学的重要内容及学生已有的知识经验和存在的认知障碍，基于以上内容的分析准备，提出一个个学习目标作为学习任务，来推动学生在完成任务的过程中获取需要学习的知识，发展学生各方面的能力。

（2）紧扣学习重点和难点设计任务

什么是学习的重点和难点呢？从系统的学科知识而言，重点和难点就是那些与前面知识紧密相连，又对后续学习有很大影响的知识与技能；从教育功能而言，重点和难点是指学生在学习中遇到困难需要及时获得帮助去解决的疑难问题。教师在设计学习任务时就要紧扣教学重点和难点对任务进行设计。

（3）设计任务时要展露学生的思维

新课程标准提出了要培养学生的思维问题，教师在设计学习任务时更要体现对学生思维的训练。怎样才能体现对学生思维的训练呢？最根本的方法就是要把学生在学习或者生活中的各种真实的、原生态的想法充分展示出来，设计开放性的学习任务，让不同思维水平的学生在一系列学习任务的引导下，通过亲身体验、反复思考，在合作交流、解决问题完成任务的过程中，都能得到锻炼和提高。

某学校的数学教师教学"乘法分配律"这一课时，设计了以下几个学习任务。

任务一：初识模型

任务要求：

1. 数一数：下图中共有多少个圆点。

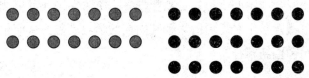

2. 写一写：根据图示写出算式。

3. 说一说：你是怎样列式的？结合上图说一说算式中每个数（每一步）表

示图中的哪一部分。

任务二：建立模型

任务要求：

1. 拼一拼：下图中哪些图形可以与（7×2）这个长方形拼成更大的长方形？为什么？把大长方形的面积用算式表示出来。

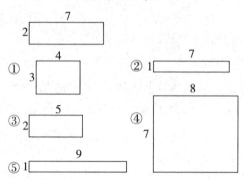

追问：你还能画出一个不同的长方形与（7×2）拼吗？你是怎么想的？

2. 拆一拆：（5×9）这个长方形可以拆成哪两个小长方形？请你用算式表示出来。

小结：计算图形的面积可以分开算，也可以合起来算，不管分开算还是合起来算结果都是45，这就是我们今天要学习的运算定律——乘法分配律。

由以上案例可见，教师在设计任务时，通过多元表征建立乘法分配律模型，设计的任务让学生经历"数—拼—拆"的过程，运用图形的方式来展露学生的思维过程。

最后，设计的任务要想成为教学方法的关键，就要关注设计的任务目标是否明确完整、难度是否适宜、设计的内容是否与当前教学息息相关；设计的任务形式要多样化，还要有一定的情境性、趣味性，给学生提供充分的想象空间，这样的任务设计才能激发学生对学习的兴趣和内在的学习动机，从而培养学生的探究能力、合作能力和创新精神。

3. 主动探究、合作学习

在实施核心任务驱动式的课堂教学过程中，当学生遇到问题时，并不是教师直接告诉学生所面临的问题如何去解决，而是由教师把需要解决的问题设计成一个个具体的、可操作的学习任务，这些学习任务就是解决这些问题的相关线索。在这个过程中重点关注的是学生的自主学习能力，也倡导学生之间进行讨论和交流，如果遇到不同的观点，可以通过补充、修正来加深每个学生针对这个问题的解决方法。核心任务驱动式的课堂教学所设计的任务要使学生成为学习的主体，设计的任务可以学生独立完成，也可以小组合作完成。这一环节具体可分为两个子环节。

环节1：学生自主探究

在这一阶段，教师只需要针对不同的情境，向学生介绍一些与任务相关的背景资料，或者给出一些利用现有资料的意见或建议，相当于给学生提供一个完成任务的基本框架。在这一过程中，教师并非要直接告诉学生怎么做，而是要站在高于学生认知发展水平的高度上，借助一系列问题、观察、交流、对比、总结等策略来引导学生对所要解决的问题进行探究。

环节2：学生合作学习

在实施核心任务驱动式的课堂教学中，设计的学习任务都是先把学生分成小组，让学生在小组中进行学习讨论。在这个过程中，教师要引导小组成员积极合作交流，每个学生都能在小组内及时交流、分享、传递自己所获得的资料、学习任务完成情况，小组成员之间互帮互助，共同促进思维的发展。同时，针对小组合作中遇到的问题，要及时引导小组成员之间交流讨论，及时调整小组内的计划、方案等，从而能使各个小组把组内的学习任务深入进行下去。

以某学校语文教师教学《迢迢牵牛星》为例。教师将全班分成四组，完成小组分配的阅读任务合作学习。她设计的程序有以下3个步骤。

第一步，分组分配学习任务。四组的学习任务：①体验六组叠字的作用；②体验河汉女性形象；③与秦观的《鹊桥仙》相比，体验"牛郎织女"的形象；④仿句练习。

第二步，学生分组讨论，完成合作学习，教师观察并参与学生分组讨论。

第三步，师生对话，对上述4个问题的讨论逐一总结。以第一个问题交流为例，师生对话的程序：首先，小组中的4个学生解释重叠词的作用；其次，教师结合《诗经》解释重叠词的特点和作用，用"这七组重叠词"概述重叠词的作用，给学生一个例子；最后，学生模仿教师的语言，用一句话概述重叠词在《迢迢牵牛星》中的作用。

那么，教师设计的"阅读合作学习"有什么特点呢？第一，每组任务清晰明确。比如，"体验六组叠词的作用"，明确诗中有"六组叠词"要"体验"。任务清晰明确，是合作学习高效完成的必要前提。第二，教师合作学习前、中、后依次"明确任务""观察参与""对话交流""点拨提升"都有所作为，做得恰当。第三，师生对话交流具体详细，既是对合作学习效果的考验，也是对合作学习效果的补充和深化。

在教学中，教师要利用设计的学习任务，引导学生进行自主学习，组织学生相互之间合作学习，从而完成设定的学习任务，达成学习目标。在这个过程中，教师的行为要与学生的学习行为进行有效的整合，采用科学合理的方法，让核心任务驱动整个学习过程，确保各项任务的顺利开展与完成。

4. 实施多样性的效果评价

在实施核心任务驱动式课堂教学的过程中，学生完成了教师设计的学习任务并不等于完成了知识技能的建构，还需要对学生的学习效果进行综合性、多样化的评价。对学生恰当的评价会对学生的学习和发展产生导向和激励作用。对学生学习效果的评价包括两个方面的内容：一方面是对学生所学习的知识意义建构的评价；另一方面是对学生自主学习的能力和合作学习能力的评价。

一般来说，在评价学生学习效果的过程中，并不是单一方面的教师对学生的评价或学生对学生或对自己的评价，而是多种评价方式结合进行综合性的评价。教师在对学生的学习效果进行评价时，可以采取不同的评价方式，既可以以小组为单位进行综合性的测试，然后对小组的整体表现进行评价，在这个评价过程中，可以让不同的小组展开竞争，对表现优秀的小组给予表扬和奖励，对表现较好的小组成员进行单独的点评。也可以设计学生个人方面的单项测试，针对学生个人学习任务的完成情况进行激励性的评价。在这个过程中对自主学习程度较好的学生给予一定的点评和特殊的表扬和鼓励。需要注意的是，不论使用哪种评价方式，在使用前一定要明确评价标准，让学生了解不同方面的评价有哪些差异，以此来提高学习效果评价的真切效果。

某英语教师在运用核心任务驱动式进行课堂教学时，对学生进行分组，组织学生进行小组合作学习，在学习完成后进行了"最佳合作小组"和"小组内最佳发言人"的评比，通过评比来激励小组内所有成员都能有主动承担责任的意识，在小组合作学习时能够起到互动、互帮、互助、共同进步的效果，同时还强化了学生的合作意识，全面提升学生的整体素质。同时针对英语学科的教学特点，教师还让各个小组在完成任务的过程中对每个同学的发音、朗读、讨论的过程、回答问题的方式方法和完整性方面进行了过程性的打分，表现好的小组多加分，合作情况好的小组也多加分。

通过以上案例可以发现，单一的评价方式在初次使用的时候效果还是不错的，但是随着使用次数的增加，学生对单一方面的刺激就会不太敏感。在教学过程中，如果想要达到不断刺激的良好效果，就要采用多种形式融合的评价方式，提升学生在任务驱动式课堂教学过程中完成学习任务的质量。

主题 4

重新思考课堂评价：
帮助学生做个明明白白的学习者

课堂是教师和学生活动的主要场所，有效的课堂评价是提升教师教育教学质量的手段，也是关乎学生能否高质量学习与发展的关键。然而在当下的课堂教学评价中，课堂评价经常被边缘化和遮蔽化，仅仅作为一种测量学生学习水平的工具。大多数教师的课堂教学评价还停留在"好""你真棒"等大而空泛的表扬上，有的教师甚至很少评价学生，出现这种现象的主要原因在于教师缺乏课堂评价的意识，缺乏对课堂教学评价本质的认识。那么，如何重新思考课堂评价，帮助学生做个明明白白的学习者呢？

课堂评价是教学的重要组成部分，是促进学生主动学习的有效手段。教育评价事关教育发展方向，是教育改革的核心环节。课堂评价作为教育评价的重要组成部分，需要辨明课堂评价的本质、树立"以学生学习为中心"的课堂评价理念、创建"多元+个性"的课堂评价策略、从而使课堂评价成为促进学生高质量学习与发展的关键路径。

一、辨明课堂评价的本质

某校数学教师在教学"两位数加两位数口算"这一内容时，出示例题并提问：小丽跳了多少下？学生口头列出算式"54+32"之后，教师让学生独立思考如何口算，并在练习本上记录下自己的算法。之后，教师组织学生交流。

第一位学生展示做法，然后发言："算式是 54+32＝86（下）。我是这样算的：50+30＝80（下），4+2＝6（下），80+6＝86（下）。"全班学生一起啪啪啪鼓掌三下，然后向发言学生竖起大拇指，齐呼："棒！棒！你真棒！"

第二位学生展示做法，然后发言："我是这样算的：4+2＝6（下），50+30＝80（下），80+6＝86（下）。"全班学生又是一起啪啪啪鼓掌三下，然后向发言学生竖起大拇指，齐呼："棒！棒！你真棒！"

这样的场景，大家一定不止一次在小学课堂上看到。这种评价主要是针对个人的评价，会使学生更倾向于把自己定位为表现性目标。"你真棒""你说得真棒""你会听，真棒"都是教学过程中的终结性评价。对课堂的评价不仅仅是一种证明，更是指导被评价者如何改进。教师要让学生知道什么行为是好的，让学生知道怎么做。所以，在进行课堂教学评价之前，首先要明确当前课堂评价的本质是什么。

课堂评价是教师收集、分析和利用学生学习信息的一项活动，旨在判断学生的学习情况，了解自己的教学效果，促进学生的有效学习。课堂评价主要是师生间与学生间的交流，是相互合作学习的机会。教师的语言、引导、激励等各种教学艺术都能体现在课堂评价中,是教师教育机智的体现。在课堂上合理高效地评价学生的学习行为,有助于学生在交流过程中从不同的知识结构、思维方式、风格等方面相互启发、相互补充,产生新的认识。有助于学生积极展示自己,明确自己在学习中的表现,认识到自己的优缺点,在反思成长过程中取得更好的发展。

二、转变课堂评价的理念

随着教育课程改革的不断推进,教师的教育观念、教学行为、教学方法和教学手段发生了新的变化。在这一课程改革的背景下,对课堂教学评价的研究也开始引起越来越多的关注,进而形成了不同形式的课堂教学评价。虽然这些评价的表达方式和指标体系不同,但从这些研究成果中,可以感受到新课程概念给课堂教学评价概念带来的许多变化。这些变化主要体现在以下两个方面。

1. 从以"教"为中心向以"学"为中心的转变

在今天的课堂教学评价中,认识到课堂教学评价的真正对象是课堂教学,而不是教师,课堂教学评价应以整个课堂教学为评价对象。学生是课堂学习的主人,是课堂教学的起点和目的地,课堂教学的目标是学生的发展。因此,课堂教学评价的重点应相应转化为:从以知识为中心转变为以学生发展为中心;评价对象由教师转变为学生;评价内容由教师教学转变为学生学习;课堂教学评价的基本概念应从以教师的讲授为中心转变为以学生学习为中心。

以学生学习为中心的课堂教学评价,是基于对评价对象的科学认识和对教育教学方法的重新认识,重新解读学生在课堂教学中学习的本质,重新定位教育教学的本质。以学习为中心的课堂评价是基于学生的独立建设、主体参与评价的教育理念,充分发挥学生学习过程中作为主体的积极性、创造性活动。这种评价方式改变了传统课堂评价下的教师的权威地位,关注学生在学习过程中的表现,注意学生对问题的深入思考,激发学生探究知识的兴趣,注重学生核心素养的发展,让学生的学习真正发生,让学生在课堂学习中窥见真实的自我。因此,课堂评价的顶层设计和实践必须以"以学习为中心"的评价理念为精神核心。

2. 从"育分"功能向"育人"功能的转变

课堂评价中"育分"与"育人"功能的优先顺序问题一直存在争议。调查发现，在应试化、精英化的教育文化和实质性教育思维盛行的现实下，我国的课堂评价明显倾向于发挥"教育分数"的功能。评价和考试是相辅相成的，有评价就有考试。评价的"教育分数"功能和定位并没有错，但评价中过分追求考试成绩，是对评价功能的片面认识，也是对评价筛选功能的滥用，并消除了开发功能。

课堂评价旨在为学生的学习和发展提供科学依据和重要指导，自然蕴含着"育人"的内在属性。课堂评价本质上是在教学过程中进行的评价。其目的是收集各种学习证据，诊断学生的学习水平和学习困难，找出现有理解与既定目标之间的差距。通过观察学生的学习进度，课堂评价不仅有助于了解学生对课堂内容的掌握情况和身心发展现状，还可以让学生知道自己的学习是否走在正确的道路上、是否存在问题。这也是对"学生在课堂上表现如何"的直接回答。

教育导向的课堂评价就是要跳出以分数为导向的评价恶性循环，尊重和承认学生的多元智能和多元差异，其内在的动机可以对学生产生巨大的影响。在育人理念下，课堂评价成为发现学生优势和潜力的有效手段和途径。挖掘学生的优越潜力，不仅有利于激发学生自我发展的内在需求和内在动力，引导学生制定自我发展目标；还让学生在课堂评价中获得满足感和成就感，在以后的学习中更加努力。因此，课堂评价的理念要从"育分"向"育人"转变。使"育人评价"的功能得到有效彰显和充分发挥，使发展学生的核心素养得到进一步推进和全面落实。

三、构建"多元+个性"的课堂评价策略

综观现阶段的课堂评价，受"定量化、去除主观性"评价导向的影响，量化评价与他人评价成为课堂评价最常用的评价方法。此举虽有其合理性，但这在一定程度上限制了课堂评价方法的完整性和多样性，抑制了学生多元智能发展的需求和个性的张扬。课堂评价方法的选用与转向关乎学生的成长与发展，在课堂评价中需要使用多把尺子，拓宽学生的成长空间，为学生的学习与发展提供更多

路径。具体可以参考以下 5 个策略。

1. 多元主体参与评价，激活学生学习内因

适当的课堂评价对学生的学习和核心素养的发展起着导向和激励作用。以学生学习为中心的课堂评价主要包括以下两部分内容：一部分是建构所学知识意义的评价，即对学生解决当前问题的过程和结果进行的评价；另一部分是对学生自主学习能力及与人合作学习能力进行的评价。围绕不同的课堂评价内容，可以从不同的角度评价学生的学习效果。

（1）教师"鼓励评价"，激发学生学习内驱力

在课堂教学评价过程中，教师要充分发挥评价的导向作用，针对学生的自主学习情况和合作学习情况，只要看到学生在学习过程中积极参与就鼓励、努力探索就表扬，尽最大努力吸引更多的学生加入自主学习探究的行列中来。

在课堂教学过程中，针对个人进行评价时，要事先通过学情前测或课前调查的方式了解每一个学生的实际水平，为他们定一个"水平线"，在课堂活动中，力求每个学生都能在原有基础上超越这条线。在评价过程中关注每一个学生的情感态度，不要只关注问题答案的对与错，更重要的是关注学生在学习过程中是否积极主动参与学习的探究活动、是否参与合作交流、是否愿意与同伴分享自己的想法。学生在课堂上只要有点滴进步，就要及时给予表扬和鼓励，让他们体验学习过程中的乐趣，充分享受从自主参与探究活动中获得成功的快感。这样的评价比起量化评价和对所有学生"一刀切"的评价更有针对性和现实意义；这样的评价可以激励学生再接再厉，燃起学生奋发向上的欲望。

语文教师在教学《登幽州台歌》这首诗时，要求学生写八个字，两个短语，概述、评论这首诗。他先后要求 5 个学生回答这个问题，并对每一个学生的回答做出准确、生动、幽默的评价。其中一位同学说了 8 个字："登高望远，悲惨无限。"教师评价道："前四个字写下了作者所处的情景。'望'字有一种动态的美感。由于登高望远，所以心生感慨。这个同学的 8 个字可以很好地概括这首诗的写作背景和作者所表达的内心感受。"如此准确的肯定性评价，一下子点燃了这个学生的学习热情。

在这一案例中，教师采用了对学生学习效果评价的方式，极大程度地激发了学生学习的积极性，提高了学生的学习效率。课堂评价的目的在于了解学生学习的实际情况，由此改进教学促进发展，最后提高学生的学科核心素养。同时这种评价还可以激励学生，对学生的学习起到引导和激励作用。

(2) 学生参与评价，自我反思激励成长

传统课堂评价中，学生往往只是被动地接受评价。随着"双减"政策的落实，课堂评价也逐渐打破这种现状，教师在进行课堂教学评价时要强化学生的参与性，教师与学生共同参与评价。在课堂教学中，学生评价要贯穿于学生学习的整个过程，能够促进学生学习状态的自我调节。形成性评价中的学生评价一般分为学生自评和互评。

在课堂教学的评价中，通过对学生的学习效果进行评价来检测学生是否实现预期目标，从而发现教学中存在的问题。通过学生之间的交流与评价，学生可以认识到自身的缺点，看到别人的优点，从而不断提升自我。

在课堂教学中的学生自我评价，就是按照设计的评价任务和完成任务的评价标准，检测自己的学习，对自己学习过程中的学习状态做出正确的评价，促进学生的自我完善。在这个过程中，学生通过自评进行自我调整、自我完善，从而提高自己。因此，在教学过程中，要为学生布置一定的评价任务，让学生在教师评价基础上对自己进行评价。

通过课堂上学生的自我评价，让每个人都成为自己的评判者，评价自己的优缺点。教师可以坐下来听"百家争鸣"，当好"客人"，在适当的时候给学生提出建议和指导。有效的自我评价能使学生正确看待自己、确立自己、发展自己、提高自己，从而达到在自我评价中反思自己、在反思中收获、在收获中成长、在成长中提高的理想效果。

在教学过程中，学生之间的相互评价是在学生自我评价的基础上对小组成员的评价或小组之间的评价。小组成员之间的相互评价应注意对合作学习过程中小组成员之间合作的态度、方法和参与程度进行评价，更加关注小组成员之间的倾听、表达、沟通和合作。

在小组相互评价过程中，学生可以知道自己的位置，从而调整自己的学习状态。在这个评价过程中，学生不仅可以体验到教师的艰辛、感受到评价的乐趣，还可以自己动手、动脑，互相帮助。学生可以在完成学习任务的过程中相互促进，增强学习的自信心，认识到只有自己组内的所有成员都成功了，小组才能成功，从而树立集体荣誉的信念。

在小组合作学习的评价过程中，也要注意小组之间的相互评价，通过学生对不同的合作小组进行合理的评价，反映小组集体学习任务的完成情况。通过这种评价，学生可以增强参与合作的意识，改变以往学生被动接受教师评价的情况，让学生真正感受到自己是学习的主人。小组内成员互评表格式如表5-1所示，小组间评价表格式如表5-2所示。

表5-1　小组内成员互评

科目：					评价内容：		
评价任务：							
组员姓名	行为表现				自评	组内成员评价	教师评价
	参与程度	责任意识	认真倾听	帮助他人	发表意见			

表5-2　小组间评价（100分）

组别	学习态度（20分）	任务完成度（20分）	协作意识（20分）	组内讨论交流（20分）	组内汇报（20分）	总结表现（20分）	总分
1							
2							
3							
…							

通过运用小组合作学习观察评价表进行观察，可以帮助教师发现学生在小组合作学习过程中出现的问题和收获，帮助教师指导学生总结问题出现的原因，改进学生合作的活动，提高合作学习的效果。

在课堂教学评价中，还可以经常性地组织学生进行评比，评出优秀小组或者小组内推出"组内最佳发言人"的形式，以此来激发组内成员主动承担责任的意识，强化小组合作意识，全面提升学生的核心素养。学生互评作为自评的一种补充形式，能够使学生发现自身或同学的优势与不足，激发彼此的学习动力，同时可促使多主体共同承担起评价的责任。

课堂评价不仅要关注学生学习水平的问题和进步情况，还要注意学生各方面的表现，注重从多方面对学生做出评价。例如积极参与小组合作方面，可从出勤、守时、责任感、主动性、努力等要素进行评价；学习习惯方面，可从组织、努力、效率、勤奋等要素进行评价；学习态度方面，可以从评价对同伴的帮助、真诚、关心等因素进行评价；小组表现方面，评价倾听、合作、参与、自信、热情等因素；创造性方面，评价是否新颖，以及准确性、创新性等要素。这样一来，我们不仅关注成就，更注重情感态度、价值观；通过对学生各方面表现的评价，激活学生学习内因，激发学习兴趣。

2. 及时给予形成性评价反馈，增强学生学习兴趣

在传统的课堂评价中，教师只注重学习成绩，将学生分为不同等级，从而忽视了学生在学习过程中的精彩表现，致使教师和学生都不能理性地看待自己的优缺点。教师应该为学生创造一种注重进步的评价体验，而不仅仅是注重成绩的课堂氛围。这就要求教师结合课堂教学过程中学生的表现收集有效的评价信息，合理分析后及时地给予学生形成性的评价反馈，与学生分享优缺点。教师也要反思教学的实施，最终帮助学生认识到自己的优势和需要改进的地方，明确自己的努力方向。

例如，在小组数学接龙游戏比赛中，每个选手轮流成为监考官和回答者；每个学生完成小测试后，同一组学生将根据标准答案进行评分，决定是继续练习还是参加单元测试；当学生完成单元测试时，有一个特殊的"小老师"来为他们的答案评分。这些方法巧妙地利用了学生的学习主体地位，减少了教师的评价工作，使形成性评价能够及时给予学生反馈。

此外，教师应根据学生学习的实际情况，分析学生学习结果与学习目标之间的差距，给予学生评价反馈，为学生建立和谐的评价氛围，激发学生反思整个学习过程中的不足，帮助学生实现学业效益。

3. 巧用共情式评价，营造和谐共生的氛围

课堂是学生学习的地方，也是学生发展的主要场所，学生的发展往往体现在对待每一节课上，因此，教师在平等对待学生的过程中，也要考虑学生的个性差异，不能以"一刀切"的评价反馈来对待所有的学生。课堂评价坚持个性化发展战略，注重学生的独特性，优化学生个性，激发学生潜能的个性化，培养个性化的人。面对学生在课堂教学过程中的差异，如果教师在评价反馈过程中使用相同的标准，学生可能会抵制评价反馈。为了避免或解决这个问题，教师需要充分发挥教育机智，必要时采取同理心评价，使学生能够正确认识自己。

4. 利用学评记录袋收集评价信息

学习评价记录袋是指收集和整理学生学习过程、学习表现、自我评价、教师指导和评价等相关信息的评价记录。在教学过程中，教师可以鼓励学生使用学习评价记录袋来收集、整理并定期反思和总结他们在这个阶段的学习情况。教师可以指导学生分析学习过程中的信息收集结果，找出不足，正视存在的问题，及时纠正。教师还可以通过观察和分析学生学习评价记录袋的内容，了解学生的分阶段学习表现，反思学生在记录过程中表现出的问题，从而改进教学。

无论是学生还是教师，使用学习评价记录袋进行课堂教学评价都是为了实现促进学生学业成绩提高的最终目标。在这里需要明确的是，在使用学习评价记录袋过程中，应避免只收集大量书面作业、作品展示等学生学习表面信息。因为在实践中，学习评价记录袋评价应注意内容的质量和数量，还包括学生自我反思所写的改进措施记录，使学生在收集和整理评价记录袋的过程中结合自己的学习情况进行有针对性的调整，实现提高自己学业成绩的最终目标。

5. 纵向增值性评价，促进学生学业成长

教育的最终目的是促进学生的全面发展。因此，在课堂教学评价过程中，教师应有勇气打破传统的横向比较评价理念，树立纵向增值评价理念，以纵向增值

评价思维促进学生学业成长，从动态和发展的角度评价学生的学业成就。在这个评价过程中，学生不应该被视为产生学习结果的"工具人"，而应该从发展和联系的角度来看待学生的进步和成长，帮助学生在学习过程中进行适当的调整，以实现学生的全面发展。在具体的评价操作实践过程中，教师应结合不同学生的基础和实际认知水平，以学生本身为"参考"，遵循"从发展的起点"的原则，评价学生开始学习后的学术水平，仔细分析学生在学习过程中的学习态度、学习行为等，促进学生学习能力的提高，提高教学效果。

主题 5

重新思考作业的价值：
让每个孩子都能得到不同程度的发展

在新课标背景下，课程改革过程中不断创新作业形式是创新教育趋势。作业仍然是当下非常重要且有效的教学活动，是学生学习过程中的一个重要环节。大多数教师在布置作业时通常会考虑，作业能否巩固学生已学的知识，丰富学生的知识储备，提高学生学习成绩。很少有教师在布置作业时会考虑这样的问题："学生喜欢老师布置的作业吗?"自问一下：作为教师，进行作业设计的时候有没有考虑过学生的想法呢? 学生是完成作业的主体，作业的本质也是为了学生的发展。那么，在作业设计的过程中就要转换立场，在核心素养导向下从学生的视角透视作业中的各种现象，重新思考作业设计的价值，让每个孩子都能得到不同程度的发展。

一、重新思考作业设计的本质

1. 作业设计究竟是什么

关于"作业"，《辞海》中解释为，作业是为了完成生产、学习等方面的既定任务而进行的活动。《教育大辞典》中把完成学习任务分为"课堂作业"和"课后作业"。综合以上对作业的定义，结合教学实践，作业可表示为为了检测学生是否学会和能否学会应用而进行的活动。它是教育活动的重要组成部分，是课堂学习活动的延续，更对学生的学习活动起到巩固与拓展、检测与反馈等作用。因此，作业的本质就是教师有意识地根据学习目标设计的能体现教学价值、发展学生核心素养、由学生个人在非教学时间完成的课后学习任务。

作业设计是指教师依据一定的学习目标、课堂教学的任务以及学生需要发展的核心素养，对学生需要掌握的内容进行选择重组、改编完善或者自主创编学生在非教学实践活动中完成的学习任务的专业活动。在作业设计中，教师要设计作业的内容、类型、呈现的形式、学生的完成要求和教师的批改方式。不论设计何种目标的作业，作业设计都是目标指向的行为。作业的目的性、高效率、可操作性、个性化、有吸引力等都是优秀作业设计需要关注的因素。由此可见，优秀的作业是以学生的基础知识、兴趣爱好和能力偏向为基础来实现特定的学习目标。

2. 作业对学生发展的心理意义

从心理学角度来说，作业是指教师布置给学生在非教学实践活动中完成的学习任务。与课堂教学中的学习任务相比，做作业是一种典型的需要自我调节的学习过程。在这个过程中需要学生与各种干扰因素进行抗争，需要在没有教师监督的状态下聚焦于作业的完成。成功地完成作业需要学生的自我调节，通过自我调节设置作业目标、选择恰当的学习策略、保持学习动机、控制学习过程并对学习的结果进行反思。

在每天的作业中，完成作业能锻炼学生的意志。面对内外部的干扰时，学生也需要通过控制自己的意志完成作业任务。

（1）作业对学生的学习与发展有着积极的意义

其一，作业能够提升学生的学习成绩。这是作业对学生最为人知的作用，作业为学生提供了知识练习机会，有利于促进学生对基础知识和基本技能的掌握，加深对所学知识的理解。

其二，作业能提升学生的自我调节能力。在完成作业的过程中，学生需要在时间规划、作业环境，集中注意力、耐心、抗干扰因素、不良情绪的调节等方面管理自己，从而提高学生元认知、情绪、时间管理、环境控制等方面的自我调节能力。

其三，作业有助于培养学生良好的心理品质。在完成作业的过程中，学生能够形成自律、遵守作业规范，敢于面对困难并想办法克服困难，抵制诱惑、强化学习的责任感等积极的心理品质。

（2）作业对学生学习发展的消极影响

在学生完成作业的过程中，过多的作业会导致学生产生焦虑、厌烦情绪，失去学习的兴趣，部分学生会产生逆反心理与厌学情绪，随着年级升高，这种现象也越来越多。此外，学生用太多的时间来完成作业，减少了休闲与娱乐的时间，减少了和同伴以及亲友交往的机会，不利于学生社交能力的发展。完成作业的过程中还会出现抄袭作业、少写或漏写作业等不良现象。

3. 作业设计中的常见问题

教师为学生设计并布置作业是课堂教学的延续。通过完成教师设计的作业，学生可以进一步内化、巩固课堂知识，同时创造性地运用所学知识，培养学生的综合能力。因此，教师设计作业的水平将直接影响学生核心素养的发展，但以往的作业设计存在以下问题。

（1）"双减"高压下的超量作业

教师往往认为，作业做得越多，学生对知识的掌握就会越牢固。于是，即使在"双减"政策下依然给学生布置了大量作业占用了学生大量的时间（尤其是课外时间），致使学生对作业乃至学习产生了厌烦、畏惧心理。

（2）大量无趣的重复性作业

作业设计以记忆、再认和复述或者基础知识应用为主，在学生完成作业的过程中即使有知识的运用也是为了识记知识准备的，缺乏深层次理解和创造性运用。教师不断重复性、机械化地布置大量作业，以致学生负重前行，禁锢了学生的思维，容易让学生产生厌倦心理。

（3）作业缺乏层次性

每个学生的发展水平是有差别的，作业的难易程度也应该根据学生的发展水平确定，尽量靠近学生的"最近发展区"，以更好地促进学生的发展。在作业设计中简单采取"拿来主义"，没有规划、不分梯度、随心所欲，这类作业没有挑战性，含金量比较低，导致学生在无区别的过程中失去个性化探索的可能。

（4）作业设计缺少个性化

教师不注重作业设计的教育功能，全班统一要求，缺乏差异性和多样性。作业设计的任务只关注学科知识的重点和难点，忽视学生已有的认知水平、知识经验和兴趣爱好及能力，造成学生对作业缺乏参与的热情，丧失完成作业的兴趣。

二、以核心素养为导向的作业设计理念

传统的作业设计，主要以发挥作业对教学内容的巩固功能和课题教学的简单反馈功能为主，出发点是提高学生的文化课成绩和考试分数，这与新课程要求的注重学生的能力培养和素养发展的理念相违背。核心素养导向下的作业设计要从课程要求出发，内容广泛，避免浅表化和悬空化，使作业呈现出一种新的样态。基于此，教师的作业设计必须体现核心素养的学生生态发展观，要具备知识、能力和态度的三重作用，不能在某个层面片面地对作业中的各种任务进行理解。也就是说，教师设计的作业必须具备知识建构、实践应用能力的发展以及学科核心素养及态度品质的形成这些方面的功能。作业设计要凸显生成性的知识和能力发展的情境性，使设计的作业真正能够促进学生核心素养的发展。

教师作为作业的设计者，对于作业任务的选择要谨慎对待，要适当考虑学生的认知水平、能力发展以及学习态度的组织和呈现。要以整体观对待各类作业，使学生的学习得以真实发生，定能促进学生迁移能力的发展。因此，在作业的设计中，要从学生的视角出发，以发展学生的核心素养作为作业设计理念，以目的性、情境性、开放性、个性化为原则，使学生能在作业这一非教学时间的学习活动中提升学科的核心素养，发展必备品格和关键能力。

三、如何设计提升学生素养的高质量作业

随着"双减"政策的出台，各中小学也开始要求全面减少作业总量和时间，减轻学生过重的作业负担，但家庭作业仍然是发展学生核心素养的关键因素之一。因此，既要顺应改革时代潮流，又要保证学生学得足够好，这就要求教师能

够设计出高质量的作业。

1. 学生视角是作业设计的出发点

在完成作业的过程中，教师设计的作业特点很重要，但必须通过学生的主体来实施，即学生自己如何理解和看待这些特点。因此，教师在设计作业时需要明确两个问题。

第一，从学生视角看到和理解的作业量、作业难度、作业批改方式等作业特征与教师认为的不一定相同。在作业量这个问题上就体现了教师和学生视角之间的冲突，教师往往会低估作业量，认为自己布置的作业很少，学生很快就能完成，而学生往往将作业量扩大。基于此，教师需要理解学生眼中合适的作业量是多少，需要明确的是，对学生作业行为产生影响的是学生所认为的作业量，而不是教师认为的作业量。

第二，不同类型的学生面对同样的作业所表现出的反应会有很大的差距。比如语文教师教完《小豌豆》这节课，布置了两个不同难度的作业，让学生选择其中一个。

①用小豌豆的语气改写第三部分；②选择其中一个小豌豆来继续它的命运。在教师看来，这是一个难度分层的家庭作业，教师认为大多数学生会选择更容易的第一个问题，少数学习能力强、创新意识强的学生会选择第二个问题。然而，结果却出乎意料——选择第二个问题的学生都是学习不太理想的学生，只有一个平时学习比较好的学生选择第二个问题。学习困难的学生选择第二个问题的原因是第一个问题重写的内容太多，可以写的词更少——在这种情况下，不同类型的学生在面对相同的家庭作业时也会表现出不同的理解，这是非常重要的。

在给学生布置作业的过程中，教师会发现作业需要更合理的设计，其中需要思考学生是否愿意完成、有没有成就感。如果忽略了学生在家庭作业中的主观能动性，家庭作业往往不能达到预期的结果。

2. 以单元作为作业设计的基本单位

不论在小学还是初中，作业设计的质量对于学生的学习成绩、作业兴趣、作业负担都有着很大影响。如何设计能体现核心素养的作业呢？单元整体作业设计是目前可操作且比较有效的方法。它是通过把一个单元所要学习的内容进行有机整合，对核心内容进行重构，学生将学习作为一个连续性的实践过程。系统地学习知识的过程是提升学生学科素养的有效途径。以单元为单位，从整体上设计作业，有助于避免以课时为单位的零散、孤立、割裂问题；有助于知识的结构化、问题解决的综合化；有助于在作业中落实学生学科核心素养的发展。

教师在设计作业时应以单元学习目标为导向，体现作业设计的一致性、整体性、多样性和差异性原则。同时要拓展单元作业的类型，加入实践探究类、合作类作业，如寻找生活中有关某单元的问题并将其转化为数学问题，通过合作解决问题；还可以加入表达类作业，如单元知识结构体、单元思维导图、学习日记、学后反思等多样性和差异性的单元作业，让学生多维度、多途径实现自我的发展。

3. 趣味情境性是作业设计的助力剂

作业也是学生的一种生活、一种情趣，而不是千篇一律的重复。教师的作业设计不能只作为巩固知识的手段，还应该调整教师的教学、体现学生"自主"内化知识的本质过程。因此，设计学生喜闻乐见、有趣味性的作业情境，让学生的作业充满趣味对教师来说尤为重要。

如在"元、角、分"的学习中，可以设计"超市购物""淘宝市场"等体验式的作业，学生完成此类作业会更积极。作业还可以设计成游戏的形式，让学生以游戏者的身份完成，如在学习加减法时可以设计数独的游戏；学习百以内加减法时可以设计创意数牌游戏，让学生在组数、摆放、出牌的过程中学会百以内数的大小比较，激情饱满地参与知识的探究过程。

还可以设计让学生拥有更多新鲜感和挑战性的作业。例如，仔细观察事物；种下你喜欢的植物种子，记录种子的发芽成长过程；走到室外静听各种声音，分辨出能听清的声音，选出最喜欢的声音写一首关于它的诗等，都是比较有趣味情境性的作业形式。

4. 作业设计要做到有理有据

首先，教师要有深厚的理论知识储备，为设计出一份高质量、促进学生核心素养发展的作业做准备。教师有了深厚的理论素养，才能在设计作业时突出有理有据、真正领悟教学目标的要求、学习目标的实施、符合课程标准要求的内涵。也可以明确设计作业的意图、依据，预见学生可能达到的学习效果。

其次，可以设计"跳一跳能摘到果子"的作业。这种作业设计的理论背景是维果茨基的"最近发展区"理论。教师在设计作业时可以把学生的"最近发展区"作为理论依据，设计带有难度的作业内容，充分调动学生作业的积极性，发挥学生的学习潜力，从而超越最近发展区而达到下一发展阶段。作业设计要充分发挥"支架"作用，要设计有趣味性、有意义、有思维挑战性的、不同思维层次的作业任务，让学生在"跳一跳"的学习过程中，发展学生的高阶思维，实现核心素养的发展。

最后，可以设计不同认知层次的作业。这种作业设计以思维评价理论为背景支持，用以等级描述为特征的质性评价方法来判断作业完成情况。就是在作业的过程中把学生对某个任务完成的学习结果由高到低分为 5 个层次：一是前结构层次，学生基本上无法理解和解决问题，只能提供一些逻辑混乱、没有论据支撑的答案；二是单点结构层次，学生找到了解决问题的思路，却就此一点论据就跳到答案上去了；三是多点结构层次，学生找到了多个解决问题的思路，但没有把这些思路有机整合起来；四是关联结构层次，学生找到了多个解决问题的思路，也能够把这些思路结合起来思考；五是抽象拓展层次，学生能够对问题进行抽象和概括，从理论高度来分析、深化问题，使问题本身的意义得到拓展。把这种评价运用在作业设计中，可以从学生的回答中分析出其能够达到哪一思维层次。

5. 以过程性评价为支点设计形式多样的作业

在作业设计中，作业评价是关键。同时，作业评价也是过程性评价的重要组成部分。教师在设计作业时要以发展学生的核心素养为出发点和落脚点，精心设计作业，做到要求明确、表述规范、难度适宜，设计形式多样可选择的、不同类型比例的作业。

除了基础性作业外，还要紧密结合课堂学习内容，关注学生生活和社会发展中的热点问题，设计观察主题、创意表达等多种类型的作业，从而培养学生自主学习和综合学习的能力。教师严格控制作业量，要在记忆、理解和应用的基础上加强作业设计的综合性、探究性和开放性。学生完成作业任务后，教师要认真批阅，针对学生需要发展的学科素养水平和个性特点提出意见，及时反馈问题和讲评要点，在这个过程中要保护学生的自尊心、尊重学生的个体差异，激发学生对作业的热情。还要对作业进行跟踪评价，反馈不同阶段作业质量的整体情况。

语文学科中阅读实践活动的作业形式可以设计成"背诵小达人闯关活动"和"课外阅读争星活动"。在"闯关活动"中要求进行"古诗闯关"，小学生必背古诗75首，每5首为一关，共分为15关。每背诵完5首，找同学和教师进行闯关，如果闯关通过，就在相应的关级那里盖章。在监督学生进行古诗积累的过程中还能增强了学生自信心。在"课外阅读争星活动"中，学生阅读完规定书目进行交流。通过"课外阅读争星卡"对阅读情况进行评价，可以养成每日、每周读书的好习惯。

一份高质量的作业可以让学生寓学于趣，教师寓教于乐。因此，教师要充分认识到作业的育人价值，在作业设计中坚持理论结合实际，在不断探索与尝试中创新作业内容和形式，提高作业设计与实施、分析与改进的能力，从而达到高质量的育人效果。

专题六
从碎片化教学走向结构化教学

　　结构化学习要求教师从碎片化的知识传授转向结构化的素养教学。结构化教学提倡大单元教学，以核心素养为导向，依托真实情境设计大问题、大任务，搭建"脚手架"分解学习任务，帮助学生把握知识本质，促成意义建构，学会方法迁移，培养学生的结构化思维，促进学生主动学习。跨学科的主题化、项目化教学越来越成为结构化教学的新趋势。

主题 1

碎问何以充斥我们的课堂

"同学们,《从百草园到三味书屋》这篇课文的作者是……他姓……原名……字……"而学生会特别配合地答出:"鲁迅、周、树人、豫才。"这样的问题提出来,学生不假思索就能回答,那么这个问题就是无效问题。任何不需要动手动脑,也不需要与同伴交流就能有答案的问题都属于初级认知的问题。这样的课堂对话停留在填空、识记的层面上,几乎没有任何思考价值,更不可能推动理解、分析、应用等层面的认知。

如果每个教师用录音笔录下自己一堂课,课后仔细听听自己在课堂内的所有提问,会发现有不少一问一答填空式的碎问。新课改以来,纯粹"灌输式"的课堂已经越来越少,取而代之的是这种对话中心的课堂。整堂课的有效活动就是教师与孩子的问答,教师抛出一个个问题,学生不假思索或者学优生带头回答,学生回答问题积极响亮,课堂气氛活跃,教室中"弥散"着"学习的元素"。然而,在这样的对话中,学习是否真实发生了呢?

一、碎问式互动价值何在

无休止的碎问让课堂看起来气氛热烈,教师讲得酣畅淋漓,学生回答得热热闹闹,随声附和者、滥竽充数者都被这热闹和群答的喧嚣掩盖了。表面上,学习内容在课堂上都出现过了,但孩子们是否理解、是否接受,还有很大的变数,于是就出现了"一学就会,一考就错"的局面。

课堂出现了"问题层出不穷、追问步步紧逼"的热闹场面,教师需要反思:用问题串联起来、问个不停的课堂,究竟有多少思维含量?碎问用非常多的没有经过整合提炼、随口而出的提问让学生对所学内容进行肤浅的解答,这种提问方式是浮光掠影、蜻蜓点水式的,并不能引领学生深层次的分析、思考、探究。而且这种快问快答的方式，也没有给学生留出充足的思考和探究时间。由于缺乏系统设计，孩子们处于走马观花、被教师牵着鼻子走的状态，走着问着，问着走着，走到哪里问到哪里，这样的课堂并没有真正把课堂还给学生。

从本质上说，"碎问"着眼于"教什么"而不是"怎么学"，也是一种变相的"满堂灌"。

二、溯源：知识碎片化的时代产物

现今是知识大爆炸的时代，短视频流行，各种快餐文化盛行，学生手握智能手机或者打开计算机，一切信息仿佛尽在"掌握"之中。过去学生从书本中学到知识，通过教师的传授获得知识；今天孩子们获得知识的途径更加多样、迅速，单纯的知识传授已经无法满足他们的需求。

碎问之所以充斥课堂，其中一个重要原因就是应试教育背景下，很多教师将知识教学简单理解为知识点的教学，或者说考点的教学，而摈弃了很多知识的应有之义。考试踩点得分致使很多教师把教材用来练、为了考，那些教师用嚼碎的知识喂饱的孩子再也无力招架丰富、广阔的课外知识。在知识点教学的认知主导下，教师看似设置了一个又一个问题，但是这种问题没有经过任何处理和加工，仍然是变相的灌输式教学，学生不得不习惯背诵、记忆、抄写等接受式学习方法。

此时，教师只是知识的"搬运者"，不是课堂教学的设计者和学生成长的引领者，学生只是学习的"复读机"，不会思考学习的意义，更无法成为探究和创新知识的"全人"。

三、根源：教师缺乏结构化思维

没有问题的课堂不是完整的课堂，然而问题过多、过碎容易造成认知疲劳和心理厌倦，课堂就会变得松散无结构。松散的课堂缘于教师缺乏必要的学科素养和通盘架构课堂的能力，无法组织教学任务。部分教师在备课时缺乏通盘考虑的意识和能力，甚至部分新教师在执教当前年级之前，可能连其他年级的课本都没有翻过，不清楚知识的前后勾连，更不用说形成系统的体系。

在现实教育教学生活中，教师由于缺乏结构化的思维，没有建立起系统的、结构化的知识体系，就会停留在表面，看问题与学生站在一个层面上，就很难高瞻远瞩地指导学生。教师在设计教学时，既要站在学生立场，理解学生的动机、心理需求、思维方式，也要超越学生，从多角度、多层面立体地、结构化地思考，找出核心概念，设计大任务、大问题，帮助学生解决问题，实现成长。

教师应了解自己所教学科的知识结构，做到心中有数，还应熟悉本学科的核心概念，这样才能在教学中围绕核心概念展开，将知识结构渗透给学生，让其体会到知识间存在的各种联系。

在教学小学数学"体积单位"一课时，先着重复习长度、面积的内涵、长度单位和面积单位等知识，再迁移感受和体验"体积"及"体积单位"，在区别对比中，明白"长度""面积""体积"的不同内涵：长度是研究线段的长短，面积是研究面的大小，体积是研究所占空间的大小。纵向引导复习相邻的长度单位、面积单位之间的进率后，学生能大胆猜测两个相邻体积单位之间的进率，同时还可以横向引导复习其他计量单位（时间单位以及质量单位等），通过横向和纵向学习，学生体会到"计量"的本质，任何量均有自己的计量单位，有效地构建了"量与计量"完整的知识结构。

四、突破碎问：从"小问题"转向"大任务"

在听一节"长方体和正方体的特征"数学公开课时，当时授课教师设计的任务单内容是填空题，如表 6-1 所示。

表 6-1　观察手中的长方体物体，动手操作，动脑思考，完成表格

项目	长方体的特征
面	有（　）个面
	每个面都是（　）形
	（　）（　）（　）面完全相同

项目	长方体的特征
棱	有（　　）条棱
	（　　）棱的长度相等
	按照相同的棱长可以分为（　　）组
顶点	有（　　）个顶点

评课过程中，教师们讨论以填空形式呈现和以问题形式呈现任务的差别，如果改用问答的形式呈现："观察手中的长方体物体，动手操作、动脑思考，说一说你看到了什么？""小组交流你还有什么发现？"任务就会更加有空间感，学生的思维也有了空间，有些小组可能借助已有知识进行面、棱长、顶点的分类整理，这样就有了结构化知识，实现一问抵多问的教学目标。

一节好课必须把整块的时间留给学生，这就需要教师少提问多交流，充分设计学生活动。减少教师在课堂教学中的"碎问碎答"，有两种方法可以参考：一是灵活选择任务形式，提问只是一种单一的任务形式，动手操作、动脑思考才是任务的核心；二是教师要有结构化思维和"大任务"观念，回归大单元、大概念、大任务、大项目、大活动、大背景，以"大"格局建构整体学习。

碎问的本质是"小"格局。教师在进行分课时学习设计时，如果离开了大单元、大概念的设计，很容易"盲人摸象"；相反，回归大单元、大概念进行整体思考，就会变得通透。教师要设计好大任务，先要立足学科本质，了解学科核心概念；基于真实问题情境，力求整体建构，减少细枝末节的内容，体现一定的思维进阶性。同时，大任务不宜过多，每节课设计 3~5 个任务即可。

实现从"小问题"到"大任务"的跨越，教师必须重视对教材的钻研。首先，要把握整个学段的教材，依据课标分析知识板块和前后关联。其次，要把握一册教材。通读整册课本，对照课程标准，分析知识的前后联系。在新学期的开始不要急于讲第一课，可以带孩子们分析整册课本的知识结构，制定学习计划。再次，要把握一个单元的教材。基于大单元背景下，设计大任务、大情境、大问题。最后，要整体把握一篇文章或一节教材，关注细节但又不拘泥于细节。

学习的本质就是建立结构、建立联系。知识与知识之间，学科与学科之间，看似楚河汉界、泾渭分明，但背后一定有看不见的"知识之路"相互通达。教学中，要通过分析不同领域知识之间的潜在关联，有意识地去寻找这些"交汇点"，将不同的知识建立联系，从而获得启发。

主题 2

从新课标变化看结构化教学

"结构化"是 2022 版义务教育课程改革的一个重要理念。通过深入学习新课标，可以发现新课标的"新"体现在"大单元""整体""主题""项目"等关键词上，这些关键词都落在了"结构化"上。正如修订指导专家组组长、教育部原副部长王湛所说："在本次课标修订中，不少学科在课程内容结构化方面迈出了新的改革步伐，如语文学科提出'任务群'，其他学科提出'大观念''大主题''大单元'等。"另外，新课标在课程内容设计上体现了两点：一是核心概念；二是学习进阶。这两点恰好体现了结构化的基本内涵。新课标通过对内容进行结构化整合，探索发展学生核心素养的路径，这些变化反映了当前教改"从零散走向整合，从浅表走向深度，从去生活化知识学习走向运用知识解决真实问题"的发展方向。

比如语文课程标准，设计了"语言文字积累与梳理""实用性阅读与交流""文学阅读与创意表达""思辨性阅读与表达""整本书阅读""跨学科学习"等6 个语文学习任务群。每个任务群融合学习主题、学习活动、学习情境和学习资源等关键要素，按学段阶梯呈现学习内容，实现语文课程内容结构化，体现语文课程内容的典型性和"少而精"。

一、结构化是核心素养落地的重要支柱

如果说核心素养是新课标的"基因"，那么结构化就是核心素养落地的重要

支撑。

1. 以课程内容结构化引领课堂变革，让学生在主动活动中生成核心素养

课程内容结构化强调知识间的内在关联，改变了以往知识、技能的简单线性排列方式，凸显学科的本质、思想方法以及内在逻辑。除了学科知识结构，课程内容结构化还强调学生活动及活动方式的结构化，学习活动的综合化、实践化。

结构化的课程内容，有利于克服当前教学中过于注重碎片化的知识点教学、针对某一知识点进行单一的技能训练等弊端，引导教师积极变革课堂教学，从关注知识技能的"单向传输"变革为关注学生学习的关联性、整体性，关注学生的主动学习和思考，关注学生在活动中所培养的知识技能、过程方法、态度与品格等，关注学生核心素养的培养。

内容结构化并不是让教师忽视或无视知识点的教学，而是把知识点置于结构化的背景中，重新认识知识点的意义与价值，让学生在主动学习中实现知识点的教育价值。

在新课程标准的"课程内容"一章，有"内容要求""学业要求""教学提示"三部分。这三部分互为关联、缺一不可。其中，"内容要求"回答"学什么"的问题，强调在结构中扎实的基础知识学习的重要性；"学业要求"回答"学到什么程度"的问题，即结合学习内容，提出素养发展目标；"教学提示"回答"怎么学"的问题，也就是学生要经历哪些基本的、典型的活动，让课程内容变为学生主动学习的活动，从而生成核心素养。

2. 以学生结构化认知推动课堂变革，让学生在深度学习中发展素养

在内容结构化的背后，还有结构化的另一层含义，指的是教学过程中的结构化，即教学思想与方法的结构化，以及学生认知过程中的结构化。教师要重视整体分析教学内容，在教学中帮助学生深度理解学科知识的本质，感受知识"前世今生"的紧密联系，建立结构化的知识体系，促进学生从内到外深度理解知识，在结构性思考中发展核心素养。

从学生学习的角度看，教学内容的结构化实际上凸显了教学的整体性和一致性。借助于整体性和前后一致的知识体系，更有利于发展学生的核心素养。比如教学"数的认识"部分，借助"计数单位"这个核心概念，引导学生先后认识

了 100 以内的数、万以内的数、亿以内的数，在学习分数及小数时，学生必然会联系到它们的计数单位，从而更深刻地理解一个数。在学习数的运算时，由于掌握了计数单位的概念，也会将"计算单位"这个概念顺向迁移到运算过程中，带着这种眼光去理解运算的全过程，学生的数感就得到了有效的培养。

由此可见，素养导向下教学实践中要突出结构化、整体化，体现一致性。长期以来，支离破碎的讲解，"小台阶、快节奏、抓重点、看总分"的应试策略，导致了学生的学习变为典型的"盲人摸象"。随着课程结构化的到来，过去支离破碎、以内容为主的教学，肯定会发生天翻地覆的变化，大单元教学、项目化学习、主题学习……必然成为教学基本选项。

二、聚焦学科核心概念，统整知识单元

课程内容结构化，强调大单元学习，也就是教师在教学实践中要把知识点变成知识单元，再从知识单元变成学习单元。

知识点、知识单元、学习单元可以用砖、房子和家来比喻。如果把知识点比喻成砖，那么学科知识结构或者知识单元就是房子，学习单元就是家。盖房子要有砖，但如果仅是一块砖一块砖地堆砌，便没有任何价值。课堂上，学生看似学习了很多知识点，但这些很可能是惰性知识，当需要使用时，无法及时调用或者融会贯通。所以一定要把知识点放在知识结构当中去看，这样才能显示其应有的价值。

要想让知识与知识之间建立起关联，就需要把这些"砖"建成有结构的房子。结构中不同位置的砖的重要性是不同的，比如"承重墙"处的知识点就很重要，而"隔断墙"的知识点就不那么重要，有时又需要建好承重墙，打通隔断墙。当知道什么知识需要教、什么知识不需要教时，知识体系便可建立起来。对于教师来说，一定要设计好教学活动，让学生建好自己的"房子"。

教师在备课时，要从知识点转向知识单元，把知识点构建成知识单元。但有知识单元还不够，还要设计学生的活动，将知识单元变成学习单元才是终极目标。

比如，2022 版数学新课标将数的认识与数的运算进行了结构化整合，划归

到一个主题"数与运算",体现了数与运算的一致性。因为无论是整数、小数还是分数的表达,都与计数单位息息相关;无论是加减法还是乘除法的运算,本质上都是计数单位的合并与拆分,因此,可以用"计数单位"这个核心概念贯穿数的认识与运算教学的始终。

三、开展跨学科学习,建立学科关联

《义务教育课程方案和课程标准(2022年版)》中提出各门课程原则上至少要用10%的课时设计跨学科主题学习,这体现了新课标鲜明的导向性——跨学科学习。跨学科主题学习是课程内容结构化的重要组成部分,这也是分科课程背景下实现综合化、实践化的积极策略。

目前我国的课程大多是分科设置的,学生在语文课学习语文知识,在数学课学习数学知识。但是,现实世界可不是简单地解决语文或数学问题,而是需要综合所有的知识技能来解决一个问题。也就是说,学生必须获得更多跨学科主题学习经验,才能发展综合运用知识技能解决更多现实问题的能力;只有培养跨学科核心素养,才能应对更为复杂的现实生活中的问题。

爱国主义教育、历史教育特别抽象。我校通过"爱国主义精神代代传"跨学科项目式主题活动,以爱国主义为核心,以"民族英雄"为素材,将道德与法治当中的抗日战争与民族英雄知识、语文课本中的《满江红》、书法中的"精忠报国"、艺术中的歌曲《半生雪》、体育中的"满江红拳"都组织串联起来,设置一系列相关课程,以贴近学生实际的方式,让学生在学习、领悟、观赏、体验的过程中感受民族英雄的伟大与无私,进而实现知、情、意、行的协同培养和发展,从而获得多方面的成长和发展。

由案例可见,每个子项目分别设置了富有学科特色、形式多样的学习任务,最终形成了多元化的学习成果,将静态成果作品展示与动态成果分享展演结合起来,创新学生爱国主义教育的输出方式。

主题 3

"脚手架"帮助学生实现学习进阶

"脚手架"又称支架，原指工地上为了方便工人施工而搭建的临时操作平台。"脚手架"进入教育领域，是由建构主义学家布鲁姆在 20 世纪 70 年代提出，它以维果茨基的"最近发展区"理论为基础。"最近发展区"的超越往往是有难度的任务，这时就需要教师搭建一定的脚手架，教师提供的支架虽然不会使任务本身变容易，但它可以为学习者提供支持，借助支架完成任务。

课堂教学中存在这样两种任务：一种是学生不用学习就能完成的任务，另一种是学生跳脚仍然完不成的任务。到底什么样的任务可以让学习在课堂上真实发生？也就是教师在设计任务时，要考虑任务的可接受性与挑战性并存，这实际上就是现有发展区和"最近发展区"的关系问题。"脚手架"回答的是学生做不到的时候，教师怎么支持学生，通过搭建"脚手架"，把复杂的学习任务分解为较小的子任务，既可以化解一项艰巨任务带来的压力，防止学生丧失积极性；又可以让学生通过完成子任务尽早获得成功，激发学生的学习动力，但要注意让学生始终关注总任务而不致自满。

"脚手架"原则在生活中非常常见，比如小时候学自行车时，父母在后面抓着坐垫，防止孩子摔倒，这就是一种脚手架行为。当孩子可以自由骑行时，父母适时地放手，以便孩子独立骑行。

一、"脚手架"搭建的三原则

"脚手架"的搭建要遵循"跳一跳摘桃子"的原则，既要留给学生适度的思考空间，又能有步骤地引领学生完成任务进阶，打开思维的闸门。

1. 在"最近发展区"落"脚"

搭建"脚手架"应落"脚"于知识的"最近发展区"。教师在上课前，要清楚地知道学生的"最近发展区"在哪里，也就是要分析学生已有的知识和经验基础、存在的困难与障碍等。只有对班级学情做出准确的判断，才能依据不同的学习需求，给学生提供合适的学习支架。

在课堂教学中，有很多应用最近发展区的地方，科学设计并实施课前学情监测，就是精准把握"最近发展区"的有效途径，现今提倡的大单元教学中，单元起始课就是落脚于"最近发展区"的学习支架。通过单元起始课，回顾已有的知识经验，发掘学生学习新知的生长点，是突破教学难点的有效途径。比如，在学习"圆柱的表面积"时，学生已有的知识经验是圆的周长、面积计算和长方形的面积计算，课上要帮助学生回忆这些旧知识，从学生的"最近发展区"出发，唤醒新知与旧知的联结。

2. 在认知冲突处搭"手"

搭建"脚手架"应搭"手"在认知冲突处。在搭建"脚手架"的过程中，起初教师的引导、帮助可以多一些，随后逐渐减少，也可放手让学生之间相互提供支持和帮助，互为"脚手架"。课堂教学中，经常会遇到学生对某一问题产生不同的看法，这时教师不要急于纠正，可以适时搭建一个脚手架，引领学生大胆表达自己的观点，不断搜集证据证明自己的观点，在思维碰撞过程中，必然会加深学生对于这个知识点的学习。

认知冲突处往往也是教学中的难点与易错点，如果教师能在认知冲突处搭建合适的脚手架，就能帮学生走出认知误区。比如，在教学"分数的意义"时把"4 张饼要平均分给 3 个人，怎么分？"有些学生认为每人分得了四分之三，产生了较大的认知冲突，这时，就可以为学生搭建一个可以继续攀登的"脚手架"，开展一次别开生面的辩论会。在这个完全开放的"脚手架"的支撑下，学生对分数本质有了一次更为深刻的剖析和认识。在逐渐逼近答案的过程中，学生收获的不仅是顺利解决了问题，也获得了分析问题、解决问题的思路。

3. 在思维延伸处立"架"

好的教学应该走在发展的前面并且引导发展，因此，"脚手架"不仅应搭建在学习者的"过去"与"今天"之间，更应延伸至学生的"明天"和"未来"。学生的思维过程往往是螺旋式上升的，或者像爬楼梯的台阶一样，可能在某个地方会遇到困难，靠学生自身和现有的认知水平往往无法跨越或上升。在这样的思维难点上，教师就要充分发挥引领作用，及时为学生的思维延伸立"架"，往核心素养深处探究。

以"三角形的内角和"为例，笔者在教学时设计了以下练习：根据三角形的内角和是180°，你能自己推算出四边形、五边形、n边形等多边形的内角和是多少度吗？学生沿着笔者搭建的"脚手架"继续攀登，于是不断催生出六边形、七边形甚至n边形的内角和。

二、"脚手架"搭建的四策略

1. 走进生活，搭建情境支架

心理学中有个名词叫作启动效应，如果学生对所创设的情境感到熟悉，他们的心理就容易得到启动，从而产生学习的内驱力，情境的创设可以提供轻松自然的学习场景，让学生全身心地参与学习。

比如曾经听过这样一节课，在教学"圆柱的认识"时，为了帮助学生理解圆柱的高，教师是这样为学生创设经验情境的。

师：灯管可以看成近似的圆柱体，它的高怎样表述？
学生：可以用"长"来表述。
师：1元硬币也可以看成一个近似的圆柱体，它的高又是怎么表述的？
学生：可以用"厚"来表述。
师：水井的高呢？
学生：可以用"深"来表述。

上述案例中的"长""厚""深"都是日常生活中的一种口语表述，用在数学课堂中，它就是一种经验情境，可以迅速带入学生对圆柱体高的认识。

再如，在一节语文习作《我的动物朋友》中，教师是这样来搭建情境支架的。

为学生播放《疯狂动物城》的影像资料，随后出示任务情境：《疯狂动物城》准备拍摄第三部了，假如你是动物星探，请你向剧组推荐一个你最喜欢的动物，你打算怎么介绍它呢？它在这些方面有怎么样的特点？

2. 操作演示，搭建直观支架

教育心理学认为：儿童可以掌握的知识大部分是具体的、可以直接感知的，这就要求教师在教学中，通过教具、实验、课件等的直观演示搭建直观支架，把抽象的知识变得具体化、形象化，这样不仅能提高学生的学习兴趣，还可以降低学生学习的难度。

体积的守恒经验是体积教学的一个难点，在教学中，我设计了这样两个小实验：一个是装在不同容器中的两份水，如何比较它们的体积？可以把水分别倒在一个容器里，借助于间接的工具进行比较，感受"一杯水，倒入倒出到不同的容器里，体积是不变的"；另一个实验是"捏橡皮泥"，学生在把一块橡皮泥捏成不同的形状中感受到"橡皮泥虽然形状变了，但是体积没变"。

通过这两个直观支架的搭建，学生很容易能够突破难点。

3. 举一反三，搭建过程支架

课堂教学不能只关注学习的结果，更要关注学习的过程。通过搭建过程支架，把一个个知识分解成一个个脚手架任务，引导学生进行自主探究，经历学习的过程，对于发展思维能力、理解知识本质有着重要的作用。

在教学"平行四边形的面积"时，总任务是"探究平行四边形面积的计算方法"。为了帮助学生顺利完成总任务，为学生呈现"数出面积单位的个数，交流算法""尝试把平行四边形转化为已学图形，并推导平行四边形的面积公式"这样两个子任务。

第一个子任务为学生探究搭建了方法支架；第二个子任务为学生搭建"剪拼—转化—求面积"的过程支架，并从中提炼出把未知图形转化为已知图形求面积的学习结构。后续学习中，可以将该学习结构迁移到其他多边形面积探究中，为学生架设自主探究的"脚手架"，留足自主探索的空间。

4. 适时撤出，才能更快成长

回归建筑术语的起源，可以将"脚手架"称为临时但关键的结构，用于支持一个发展过程，当不再需要时，这些结构最终会被移除。教学中，"脚手架"也不能替代"知识内容"与"认知素养"，完成任务后需"隐退"。因此，在支架式教学中，教师的支架是动态的，教师应该随着学生对知识和方法的掌握而逐渐撤去支架，将管理学习的任务逐渐转移给学生，比如教学"多边形的面积"。

教学第一课时"平行四边形的面积"时，教师应该为学生搭建背景支架、直观支架，帮助学生更好地动手操作；在教学第二课时"三角形的面积"时，教师可以稍微搭把手，让学生动手寻找多种解决办法；在教学第三课时"梯形的面积"时就可完全放手，让学生独立完成。

课堂"脚手架"是个很贴切形象的比喻，脚手架的搭建，是教与学过程中可视化的认知云梯。这一认知云梯的搭建，其实也是教师与学生，作为课堂知识构建的双主体，通过双向互动而共攀知识素养高峰的有效路径。

主题 4

一种必备的学习素养——结构化思维

下面有 15 个数字，在 3 秒钟内看完并记住它们，试一试？

"8，3，4，2，0，7，3，1，5，9，4，6，0，2，1"，是不是觉得有点费力？

那么，如果换一下，让你记下面这 15 个数字，试一试？

"0，1，2，3，4，5，6，7，8，9，0，1，2，3，4"，是不是觉得很容易？

其实这两组数字是完全一样的，只是第二组数字的结构更加有规律。

为什么你很难记住第一组却能轻松记住第二组呢？因为它是结构化的。

然而，在现实教学中，往往采用第一组数字这种碎片化的教学方式，让学生学习许多零散的、碎片化的知识，并针对特定的知识点进行一些碎片化的训练，也就是强化知识点的学习，而不是运用结构化的思维，将知识进行前后关联、归纳和整理，使之纲领化、条理化，做到结构化教学。

心理学研究也发现：优等生和学困生头脑中的知识结构存在明显差异。优等生头脑中的知识是系统的、有组织的，知识点按层次排列，而且知识点之间有内在联系，具有结构层次性。而学困生头脑中的知识呈水平排列，是零散和孤立的。结构化对知识学习具有重要作用，当知识以一种层次网络结构储存时，可以大大提高应用时的检索效率。

知识是有结构的，回顾以往学过的任何知识，只要稍加分析和研究，就会发现知识本身具有诸多构成要素，而且各种要素之间都存在着必然的联系。教师完全可以着力在关联、凝聚、发散中积极实施结构化教学，促进学生学习的深度发生。

一、关联：把知识织成网

结构化学习强调全面把握知识的整体结构，关注知识之间的横向、纵向关联，力求在宽广的背景中深刻把握知识的本质，强调网状的知识结构，追求知识的意义建构。

1. 横向关联——抓本质和区别

知识的横向结构，是指各种相关或并列的概念、原理、知识之间的联系，通过分析比较，找出它们的异同之处以及背后的联系，加以融会贯通，使知识准确牢固，可辨性强，而不致相互混淆、模糊不清。

横向关联是学习时经常使用的一种结构化思维。例如，小学数学课堂中，在学习"角的度量"时，将量角器与直尺、时间尺进行横向"求同"对比关联，发现它们都有 0 刻度，都要确定标准刻度，都是用于计量标准刻度数量的工具；在语文课堂中，讲"辩"的结构时，可以通过联系"辨""辫""瓣"等字来确定其声旁为"辡";在讲《捕蛇者说》中的"说"这种文体时，可以联系《爱莲说》《黄生借书说》《马说》等，便于较好地掌握"说"这一文体的特点。

2. 纵向关联——抓"前世"和"今生"

为符合学生的年龄特征及认知规律，教材在编写过程中一般呈螺旋式上升编排，也就是说同一知识点的内容会根据不同难度安排在不同的学段学习。比如分数，三年级会学习分数的初步认识，五年级会进一步学习分数的意义和性质等相关知识。这就要求教师在教学时，既要把握住不同学段教学内容的不同要求，也要捕捉到不同学段教学内容的内在联系，也就是搞清楚学生已有的知识基础，在已有的认知结构上将所学知识进行纵向对比关联，整体建构知识的内在联系，形成结构化的知识网络，从而实现深度学习。

例如，在小学数学乘法的教学中，教材按照整数乘法、小数乘法、分数乘法的顺序依次安排在不同学段。整数乘法、小数乘法、分数乘法虽然算法各异，但它们的本质是一样的。教学时可以将整数乘法、小数乘法、分数乘法进行纵向对比关联。可见，乘法的本质是把计数单位的个数进行累加。再如，语文教材中，有非常多的节选型选文，截取于原著（长篇作品），或许它是其中一个事件渲染、一个人物描摹、一个场景特写等，这样的节选型文章通常与原著（长篇作品）之间保持着前后衔接、情节勾连等千丝万缕的直接联系，教学时，要注意前后关联、纵向比较。

二、凝聚：让学习深度发生

结构化教学除了要关注教材的整体结构及知识的内在逻辑以外，更应该关注学科的本质属性。因此，教师在教学中应该加强学习过程的凝聚，利用大单元教学，依托核心概念，通过对学习材料的抽象及模型建构，凸显知识的本质与内涵，彰显不同学科的学科属性，从而更好地促成学生的深度学习。

1. 核心概念——让认知结构从浅表到深度

要实现学生思维的进阶，落实课标的要求，核心概念是一个很好的抓手。核心概念能够概括性地总结知识内容和知识本质，单元整体教学首先应以核心概念为线索对单元内容进行整体分析，依据单元内容所属的学习主题理解内容的学科本质，厘清体现学科本质的核心概念，是理解相关知识与方法关联、整体把握单元的基础。

准确捕捉单元教学中的核心概念，比如五年级上学期"多边形的面积"这一单元，包含平行四边形的面积、三角形的面积、梯形的面积、组合图形的面积，看似内容庞大，但是仔细分析其核心概念有面积、面积单位、面积单位的个数等；再如"小数的意义"单元共有 6 个信息窗，如果能把握其核心概念"计数单位"，以核心概念统领整个单元教学，就能让学生建立起认知结构，从而加深对小数意义和本质的认识。

2. 经历抽象——让经验结构从具体到抽象

课堂教学中，教师应为学生提供尽可能丰富直观的学习素材，让学生在自主探究、动手操作的基础上完成对学习素材的逐渐抽象，在抽象的过程中实现非本质属性的剥离，从而发现其本质属性，让学生的学习深度发生。

例如，在教学"小数的意义和性质"时，从儿童已有的学习经验入手，借助人民币和米尺的现实原型，帮助学生理解小数，明白小数是在细化单位的基础上产生的。当学生基于生活经验理解了"0.5 米 = 0.50 米 = 0.500 米"时，教师要适时引导学生及时抽象，促使学生从计数单位的角度，深入理解"0.3 = 0.30 = 0.300"的本质与内涵，促使学习的深度发生。

3. 思维导图——让知识结构从碎片到系统

思维导图是把思维具体化、形象化，是进行"大单元结构化教学"重要的学习工具。思维导图抓住思维的碎片让思维系统化、序列化，既有利于开发学生的潜能，又能够有效地提高学生对已学知识进行概括和整理的能力。

例如在复习了周长与面积后，笔者让学生用思维导图进行整理，构建度量单位的知识网络。学习了长方形的相关知识后，教师就可以让学生把所学知识整理成一个思维导图，其中包括长方形的特征（边和角）、周长和面积的计算等，同理，三角形、圆形等都可以通过思维导图的方式将所学知识整理出来。利用思维导图，让知识结构从碎片到系统，从而提高学生的数学核心素养。

三、发散：让思维更广阔

1. 学会迁移——让思维结构从单一向多元

结构化教学强调将学习到的知识举一反三，将熟悉的经验方法迁移到新的情境中，让学生在新的情境中完成自主建构，使学习深度发生。教师在教学中要让学生把熟悉的学习方法或知识结构迁移到相似的学习任务中，有利于学生自主探究、自主建构，深度学习。

例如在"运算律"教学时，一般都按"猜想→验证→总结→应用"进行；"多边形面积"教学按照"剪拼→转化为已知图形→寻找对应关系→归纳公式→应用"这一过程推进，这些就是结构化的思维过程。认识到这种结构化思维的存在，教师就可以从起始内容开始，积极引导学生了解和把握，方便学生在后续的学习中，能主动迁移，开展学习研究活动，结构化地展开教学过程。

2. 立足实践——让思维结构从现在向未来

学习知识的目的是应用，结构化教学的最后一环是走向知识的应用，走向学生独立自主解决问题。通过开展实践活动，培养学生在实践探索中解决问题的能力。运用知识解决问题才能内化为学生的结构化思维，有效落实核心素养。

比如在体育教学中，结合本校、本班学生的超重、肥胖、瘦弱等不同对象的具体问题，将营养膳食干预、体育运动干预、日常生活行为干预等知识进行有机整合，提高学生解决实际生活中健康问题的能力。

主题 5

驱动问题引领下的项目化学习

传统课堂以分学科的知识为逻辑起点，强调学科知识的掌握，知识本位的课堂中，大量琐碎的知识和机械重复的学习往往无法让学生理解和应用。而当今全球的教育趋势越来越推崇主题式、项目式的跨学科课程，即围绕一个中心主题、任务、项目或问题，开展综合性学习活动。

项目化学习的形式是多样的，既可以是围绕某个驱动性问题，综合运用多个学科的知识解决问题的"跨学科项目化学习"；也可以是围绕某一主题，展开各有侧重的、有联系的、多任务的"多学科项目化学习"；还可以是聚焦学科关键概念和能力的"学科项目化学习"。

为什么学习需要跨学科？学生的生活是完整的，现实生活是不分科的。如果让学生活动起来，尤其是解决现实问题的活动，这一定是跨学科的。跨学科学习实际上就是利用学科知识观察现实生活和解决问题。

一、项目化学习的核心在于"学习"

在项目化学习中，教师要创设基于真实情境的挑战性问题，鼓励学生在自主探索和与社会互动中综合性地解决问题，经历探索的学习与应用的学习，形成自己的意义建构，并在展示学习成果的过程中经历深度学习。

真实学习导向的项目应注重真实情境、真实任务、真实体验和真实评估 4 个关键要素的设计。只有当知识方法置于与现实问题和学习者兴趣相关的情境中，才更容易激发学习者的内驱力；真实任务的设计是在真实情境中，学生面临需要解决的问题，教师为大任务的解决提供必要的脚手架——任务进阶；真实体验是让学生的知识、行为、思想方法在与真实情境、真实任务的持续交互中进行构建，促进学习的有效迁移；真实评价强调与完成真实学习任务的过程无缝对接，进行形成性评价，帮助学生及时反思与调整。

我校开展的"家庭种植园"项目化学习包括真实情境、真实任务、真实体验、真实评估 4 个关键要素。例如，"如何吃上自己种植的干净新鲜的蔬菜"就是一个真实情境下的真实问题。在项目化学习过程中，学生通过调研需求，思考植物生长特点，绘制设计草图，运用身边的材料，如塑料盒子、尼龙绳、毛竹竿等，因地制宜搭建了家庭蔬菜园，并真正种出了蔬菜，在项目化学习过程中实现了知识和技能的跨学科迁移，发展了核心素养。

如何使学生在项目化学习过程中始终保持探究的学习状态是一个非常关键的问题。也就是说，在项目设计和实施过程中，教师需要给学生提供"任务支架"，以支持和鼓励他们持续探究。针对学生在项目化学习过程中可能遇到的不同挑战和困难，教师可以提供情境型支架、任务型支架、资源型支架、策略型支架等。

情境型支架：在驱动性问题提出之时，为学生提供一个源于真实生活或者设计一个具有现实意义的学习情境，如一个故事、一段背景素材（在其中蕴含着要解决的驱动性问题）。

任务型支架：为了使学生更好地完成项目，教师也可以将总的项目分解为若干个子项目，从而帮助学生以"小步子"逐步迈向项目目标，最终完成项目的学习。

资源型支架：指为学生提供各种支持学习的相关资源，以及资源获取的途径、方法和工具等，以便当学生面对海量学习资源时能够有效获取所需资源（资源不是越多越好）。

策略型支架：主要给学生提供思维方法和辅助工具，使思维可见，帮助他们像"专家一样思考"。教师可以通过示范指导、案例分析、与专业人士互动等具体方式，为学生提供解决问题的思维方式。

二、驱动性问题的设计与思考

在很多项目化学习交流中，展示的往往是学生外显的手工操作和提交的作品，然而，项目化学习远不止"做作品"这么简单，更强调驱动性问题，重视的是学生在完成项目背后，对某一问题进行持续的自主探究，以及探究背后的思维训练和迁移，情感、态度、价值观的丰盈。

项目化学习主要围绕一个待解决的核心问题展开，这个问题会作为整个学习项目的驱动力而推动学习的进行。一个好的核心驱动性问题，是成功实施项目的第一步。然而，找到项目的核心驱动问题是非常不容易的事情，也是教师觉得最难的一件事。对它进行分析会发现，核心驱动问题需要具备以下几个关键要素。

要素一，指向性。问题需要与学科课程标准（单个或多个）进行匹配，并指向学生的核心素养或学科核心素养。比如：如何设计一个有爱的包装盒？

要素二，真实性。只有基于学习者经验、认知水平和真实的生活情景的问题，才是真正能引发学习者投入的问题。好的驱动性问题应该源于真实的生活情境，具有一定的现实意义，能让学生将项目化学习与真实的生活相联系，理解项目化学习对于解决真实世界问题的意义，使学习过程成为一个有意义的解决问题过程。比如：如何组织一场精彩的六一联欢会？人类该不该使用食品添加剂？

要素三，综合性。问题的解释和解决需要综合多个学科的知识、技能和思维方式。比如：如何帮助社区做好垃圾分类？

要素四，挑战性。如同维果茨基提出的"最近发展区"理论一样，项目化学习的问题既要能激发学生的学习兴趣和主动性，也要有一定的挑战性。其单靠个人可能无法完成，需要学生合作才能完成任务，同时在学生各自的努力和互相合作下，又是可以解决的问题。

要素五，开放性。项目问题应该具有开放性，没有唯一答案，允许学生提供不同的问题解决方案和多种类型的作品。比如：垃圾分类如何做才会更加有效？

好的驱动问题起着"借假修真"的脚手架功效，借助于项目学习这个工具，提升参与者（教者和学习者双向）真实的能力和素养。驱动问题要实现其中一点或者两点特征并不难，但是要同时达到上述几点并不是件容易的事情。

项目化学习也是一种学习方式，教师应该从课程、学习、评价3个维度来理解和实施项目化学习，既要关注主题内容、项目情境，也要关注真实问题的解决、大观念的迁移，还要关注任务完成情况、过程性评价信息等。

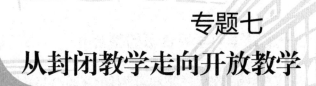

专题七
从封闭教学走向开放教学

开放教学坚持以学生为中心，注重学生自主学习能力的培养，鼓励学生主动探索和发现问题；注重多种教学资源的整合和利用，为学生提供更加多元化的学习资源；注重学生的合作学习和交流，鼓励学生与他人分享看法和经验。从封闭教学走向开放教学，旨在构建一个更加灵活、包容和多元化的教育环境，为每个学生的学习和发展提供更多的机会和空间。

主题 1

把课程打开:
给学生提供更加丰富的学习资源

一、跨学科学习资源的整合

《义务教育新课程方案和课程标准（2022 年）》中规定，义务教育培养目标要求在"增强综合素质上下功夫"，把"加强课程综合，注重关联"定为基本原则，要求"统筹设计综合课程和跨学科主题学习"，"开展跨学科主题教学，强化课程协同育人功能"，并进一步要求"各门课程用不少于 10% 的课时设计跨学科主题学习"。这就意味着，在之后的课程规划中要增加跨学科主题学习的内容，加强课程综合和课程协同育人的板块，为学生综合素质的提升提供合适的课程载体。为了更好地落实跨学科主题的学习，跨学科主题资源的整合必不可少。

跨学科主题学习指为培养跨学科素养而整合两种及以上学科内容开展学习的主题教学活动安排，具有综合性、实践性、探究性、开放性等特点。跨学科主题资源整合，简单来说，就是将不同学科的知识、技能和资源进行有机融合，以培养学生的综合素质，提高学生解决实际问题的能力，帮助学生建立起对世界的整体认知。例如，当学生学习语文时，他们不仅仅是在学习语言文字，更是在学习如何理解世界、表达自我；当学生学习数学时，不仅仅是在学习计算和逻辑，更是在学习如何解决问题、探索未知；当学生学习科学时，不仅仅是在学习自然规律，更是在学习如何实验和创新……这些学科的融合，可以为学生提供更广阔的视野，让他们更好地理解世界。

以某教师执教的三年级美术公开课"端午节—赛龙舟"为例，来看教学实践中通过美术与语文学科资源整合，丰富学生的学习资源、培养学生综合素质的策略。

1．融合情景，引入主题

通过真实学习情景的创设，激发学生的情感，促进学习的积极性。情境的创设不仅增加了课堂的趣味性，激发了学生学习的兴趣，还具有融合性特点，能将美术和语文知识融合到一个具体的情境中，引发学生思考，使学生在思考中发现问题、提出问题，引出课题的主题。情境创设为学生提供了具体的学习场景与探究任务，为学生"跨学科学习"奠定了基础。本课例的导入环节，学生讲端午节故事，分享端午节主题的古诗和端午习俗，在语文学科相关资源的辅助下，学生对端午节有了全面的认识，顺利导入本课主题。

2．融合思维，设计龙舟

思维训练是跨学科学习的核心，跨学科学习不仅仅是知识的整合，更是思维的跨界。学生通过跨学科思考，进行多元化思维，探寻解决问题的思路与方法。本节课中"跨学科"的多元化思维体现在语文思维、美术思维、机械设计思维等的有机融合。教师将龙舟的结构进行分解，让学生对龙舟的构造有直观的认识，之后分部分进行设计，培养学生的设计思维。

3．聚合技能，装饰龙舟

装饰龙舟是美术跨学科教学的实践环节。该环节旨在让学生将端午节中的文化因素进一步落地，在装饰过程中进一步推进学科知识的整合和思维的跨界，让学生运用跨学科的知识去解决问题。本课最后的装饰环节，学生在《端午粽》一课的启发下，在传统龙舟的装饰基础上发挥自己的想象，在龙舟上装饰了粽子、青团、艾叶、荷包等跟端午节相关的文化因素，激发了学生的创造性思维。

正如法国著名教育家卢梭所说："教育在于启发孩子的兴趣和激情，而不是'填鸭式'的灌输。"通过跨学科资源的整合，提升跨学科主题学习的质量，在兴趣的驱动下启发潜能，在知识的海洋中自由翱翔，让学生在全面的成长中迎接未来。

二、教材中学习资源的深度发掘

新课标指出各学科要培养学生的学科核心素养，让学生在课程学习中逐步形成正确的价值观、必备品格和关键能力，集中体现课程育人的价值。对教材中学习资源的深度挖掘是使学科核心素养落地的重要途径。学科教学是教育的重要资源，要深度挖掘教材中的资源通过课堂教学的实施对学生成长产生影响。

但在真正的教学实践过程中发现，教材中学习资源的深度挖掘存在各种问题：有的学习资源只是单纯的堆砌，课堂令人眼花缭乱，目标指向性不强，反而妨碍了当堂教学目标的达成；有的学习资源整理不当，反面内容用得多，正向引导不足，不利于学生形成正确价值观；有的学习资源远离学生的实际生活，与学生现有的认知没有关联，无法调动学生的学习兴趣……如何有效地深度挖掘学科内部的学习资源，加以梳理并合理利用呢？这里以英语学科为例来说明。

英语教材中学习资源的发掘要围绕英语学科的核心素养，即语言能力、思维品质、文化意识和学习能力4个维度开展。同时英语学习的目标制定不只局限于培养学生的综合语言运用能力，更重要的是培养学生的文化素养，真正实现学生英语核心素养的提升。

教材内容在编排上涉及许多与学生日常生活息息相关的话题，在深度挖掘教材中学习资源的时候，要坚持大单元概念，梳理单元主题学习资源。要利用教材提供的丰富的文化资源挖掘蕴藏在文本背后的知识，理解、分析背后的文化信息，讨论文本所蕴含的内涵和价值观，通过主题化的学习资源帮助学生在具体的情景中开展学习，潜移默化地发展学生的核心素养，落实立德树人的根本任务。

1. 深入解读，整合教材

在教材的深入研读过程中，要建构大单元整体教学的概念，根据主题需求对文本内容进行整合，以此提升学生语言的整体输入和输出的能力，加深学生对主题的理解，主动发挥迁移运用的学习能力，建构学习策略。学习资源的使用是引导学生主动建构意义的过程，要以探究大单元主题意义为目标，以具体预判为载体，在评价任务活动中，通过感知与注意、获取与梳理、概括与整合、内化与运用等方式，将知识学习与技能发展相融合。让学生在分析问题和解决问题的过程中，发展思维品质，形成文化理解，塑造正确的人生观和价值观，促进学科核心素养的形成与发展。

2. 深层理解，拓展教材

英语教学注重形成以交际能力为核心的英语语言运用素养。因此，要在深层次理解教材的基础上，明确学生学习目标，明确大单元主题，对教材进行合理的拓展。通过拓展内容培养学生的思维逻辑能力，启发学生在解决问题的过程中体验归纳、比较、分析、综合等逻辑方法，让学生在看、听、说、读、写的活动中，充分进行语言实践，发现语言的魅力，实现教学的育人目标。如怎样深入解读对话语篇，根据教材对话语篇拓展学习资源？英语学习中，学生的听、说技能是基础，为后续读、写能力的提升做铺垫。学生的听、说学习是语言综合运用能力中不可或缺的一部分，更是培养学生英语学科核心素养的重要途径。从教学实践的效果来看，真实的、贴近学生实际生活的语境更加有利于学生表达和表现欲望的激发，教学效果更好。因此在开展探究主题意义的听、说教学活动时，对于拓展资源的挖掘要基于主题，对与主题相关的图片、视频等生活中的真实资源进行梳理，为创设与主题相关的真实情境服务。

3. 细心观察，巧用插图

插图是英语教材中非常重要的教学资源。根据学生学习需求的不同，在教学活动中可以巧用插图达成学习目标。英语教材中课文插图资源与文本内容是相辅相成的，是创设真实情境的依托。在教学实践中，一方面可以借助插图建构单元整体学习，拓展学生学习的渠道；另一方面在插图的帮助下，结合不同类型的学习资源，充分调动学生的语言交际功能，从学生的角度出发，挖掘深度信息，启发学生思维，不断帮助学生提升学习能力、发展语言技能。在教学过程中，要有效地引导学生观察图片，利用图片激活学生的发散思维，引导学生进行深入交流和讨论，挖掘图画中隐含的信息，让学生自由表达观点，激发学生的英语学习兴趣。插图在英语教材中与文本紧密结合，依据文本内容的差异，设计相对应的插图来辅助教学，可以提升教学资源的丰富性。

教材是发掘学科内教学资源的重要载体，是发展学生核心素养的重要学习资源，教材内容蕴含着大量的语言信息。因此在教学过程中要挖掘教材背后深层次的内容，重视教材中的标题、文本插图、文本主体等重要的语言信息，准确把握教材语篇主体，深入挖掘核心素养的培育点，提升学生快速捕捉语篇语言信息、把握主体内容和综合运用信息的能力，强化学生的学习体验。通过解读文本、深耕教材，挖掘教材文本内在的知识、文化以及情感资源，感受文化的魅力，陶冶情操，帮助学生形成良好的品质。

三、课堂中学习资源的开发与利用

课堂教学是一个动态生成的过程，教师面对的是活生生的学生主体，不同的知识、经验、思想，不同的思维在课堂学习中碰撞，从而使课堂变成了一个充满资源的地方。从某种意义上来说，课堂中学生的学习过程就是教师开发与利用课堂资源的过程。课堂资源丰富多彩，有些是教师可以提前预估的，有些则是即时生成不可预估的。学生在学习过程中的一切表现都可以被视为学习资源，包括作业、作品、课堂及日常表现等。

在课堂教学过程中，不同的个体会产生行为、思想的相互作用，在这种相互作用中生成全新的学习资源，这种资源具有极其重要的教学价值。因为这种资源生成于课堂自身，具有鲜活的特性，是学生参与学习活动的结果，这种资源对于学生来说更具有亲和力，参与感更强，更容易被学生接受和理解。因此，教师要及时感知、获取并巧妙地利用这种意外生成的学习资源，睿智地进行处理，细心地捕捉学习资源中的"可利用"资源，灵活地调整教学进程。对学生在解决问题过程中提出的种种问题、产生的种种疑问，因势利导、及时鼓励，启发引导学生一题多解、一问多答、一题多证，去粗取精、去伪存真，勇于探索、不断创新，给学生更大的思维空间，培养学生的创造性思维，使课堂在不断的生成与利用中绽放光彩。

1. 充分预设，生成精彩

课堂动态生成的主体是学生。不同的学生在参与课堂学习的过程中，通过主体的活动、对已有知识的甄选、对新认知的体验，不断更新自己的经验，生成新的经验。因此在进行教学预设时，必须充分考虑不同的学生会有哪些不同的思考，预设学生在学习过程中可能会提出哪些新的解决方法，这些方法如何促进学生与课堂上各种因素的交互作用，为动态资源的孕育提供温床。

专题七 从封闭教学走向开放教学

在一年级数学教学"9加几"的一节课中，曾出现过一次不尽如人意的课堂状况。

【备课预设】

1. 练习：看谁算得又对又快。

9+1+2＝（　　　）；9+1+5＝（　　　）；　　10+2＝（　　　）；10+6＝（　　　）

2. 教学9加几。

师：9+4等于多少？（13）

师：谁能说说计算9加4时是怎样想的？

生：因为9+1+3＝13，所以9+4＝13。

师（小结）：因为9凑成10缺1，所以要将4分成1和3。计算9+4，就要先算9+1＝10，再算10+3＝13，这就是数学中的"凑十法"。

……

教材中"凑十法"是学习方法中一种重要的数学思想，所以执教教师只简单地预设了这一种方法。考虑到新课前有复习题的铺垫，提出这种方法应该是水到渠成的事情。但实际教学时却发现，两三个学生的回答都不是这种方法，教师心里开始着急，再也无心听取学生的回答，直到有学生提出"9+1+3"这种方法，方如获至宝……反观预设，教师没有考虑到不同学生会有不同的想法，把具有多样性的学生个体看成了一个理想的整体。

因此，二次备课时，该教师对教学预设做了如下修改。

……

预设出学生可能会有如下的操作与想法：

①先拿出9根小棒，再拿出另外4根小棒，合在一起；

②伸出4根手指，从9开始接着数；

③因为9+1+3＝13，所以9+4＝13；

④从4借1，9加1等于10，4减1等于3，10加3等于13。

……

147

这些预设，充分展现了学习个体多元的思维形态，能帮助学生在交流中改善自己的算法，鼓励他们用自己喜欢的方法来算，并引导学生对不同算法进行理解、比较，使学生经历从算法多样化到算法优化的过程。多样性的预设避免了在学生生成资源时因毫无准备而束手无策，白白浪费掉极好的生成资源。

2. 赏识评价，助力生成

赏识性评价旨在营造一种温馨和谐的师生氛围，让评价成为促进师生之间、生生之间相互赏识、相互激励的桥梁，充分给予学生自信与信任、轻松与自由。在这种和谐的课堂气氛中，学生的资源生成是无法预测的，这种生成才是精彩课堂的表现。对学生的独到见解，要以赏识的眼光去看待，学生才能敢说、敢疑、敢批，从而为推动课堂的资源生成奠定基础。

一年级数学"十几减8"这一课上。一个学生问："13减8，3减8不够减。先用8减3得5，再用10减5得5，13-8＝5，这样做行吗？"话音刚落，就引来一片反驳声。这时教师没有批评他，而是引导学生思考这一解法与13-8＝13-3-5的区别与联系，最后达成一致意见：这种做法有独创性！

这个学生的独到见解，因为教师的赞赏而成功逆转成为课堂上的亮点。教师这一举动，增强了他的自信心，营造了愉快融洽的学习氛围。因此，适时对学生做出赏识性的评价，学生会因为被赏识而快乐，因为被赏识而优秀；善于捕捉有价值的"意外"，会让我们的课堂教学因为"节外生枝"的精彩而更显生机。

3. 巧借错误，动态生成

学生学习活动本来就是一个试误的过程，要允许学生出错，给学生主动成长的机会，更要将学生的错误作为促进学生情感、智力发展的生成资源，让课堂因此而精彩，让学生在纠正"错误"的过程中绽放绚烂的光芒。有这样一段教学片段（教学8加几）：

生1：8+8＝16。

生2：不！8+8=17。

（众生哗然……）

生2：计算9+8时，不是说9哥哥得向8弟弟借1凑成10吗？计算8+8时也一样，8向另一个8借1，另一个8就成了7，不就等于17了吗？

（师把生2的想法写在黑板上，和大家一起分析生2出错的原因。）

师：计算8加几，有一种方法就是利用8和2凑成10进行计算……

（师话音未落，生2又激动地站起来发表意见。）

生2：哦，我懂了。计算8加几就拿2凑成10，那么计算7加几就拿3凑成10，6加几就拿4凑成10……（生2快速的表达、敏捷的思维，令全班同学刮目相看。）

教师用一颗宽容的心，不仅帮助学生找回了自信，还给学生提供了探讨的空间，使学生在争论中明理，内化知识，在纠错中自主发现、解决问题。因此，要珍视学生的错误，它们是学生真实想法的暴露，应把它们看成"可回收垃圾"，作为宝贵的动态资源加以巧妙利用，充分挖掘它们的价值，使"错误"成为一道亮丽的风景线。

课堂中这种即时的生成资源处处可见，这种学习资源是学生真实体验的一种反应，是一种转瞬即逝的非常宝贵的教学资源。如果教师能够及时发现、捕捉、运用这种有效的生成性教学资源，随时调控教学环节、教学目标、教学方案，因势利导，进行有效的生成教学，课堂会更加精彩！

主题 2

把课堂打开：
给学生提供更加多元的学习环境

在当今全球化和信息化的社会中，教育不再是单一的、静态的，而应该是多元化的、动态的。学生不仅需要掌握知识，还需要发展多元化的能力，包括创新思维、批判性思考、团队合作、解决问题等。为实现这一目标，学校需要为学生提供多元化的学习环境，以满足学生不同的学习需求和风格。

创设多元化的学习环境有利于学生的全面发展，可以为每个学生提供最适合的学习方式和节奏，从而提高学习效果和满意度，培养学习成就感。多元化的学习环境还可以让学生接触到不同的观点、方法和思维模式，从而培养学生的创新思维和批判性思考能力。

然而，当前学生的学习环境面临着一些挑战。首先，教育资源的不均衡导致了优质教育资源的高度集中，致使一些学生无法享受到优质的教育资源。其次，教育方式过于单一，注重知识的传授，而忽略了学生其他能力的发展。此外，学习环境缺乏多样性，无法满足学生不同的学习需求和学习风格。

多元化学习环境的创设需要考虑学生的需求和特点，提供多种形式的学习方式和资源，并鼓励学生参与互动、合作、探究和实践活动。同时，教师需要不断更新自己的教育理念和方法，不断改进和完善多元化学习环境的创设。以下将从几个方面来探讨多元化学习环境的建设。

一、混合式学习环境

混合学习是一种将在线学习和面对面学习相结合的方法。在混合式学习环境中，学生可以通过在线学习平台和实体教室相结合的方式获取知识和技能，从而提高学习效果。混合式教学环境主要有以下几个组成部分。

1. 在线学习平台

在线学习平台是混合式教学环境的重要组成部分，它为学生提供了丰富的学习资源和互动工具。在线学习平台包括各种类型的学习资源，如视频讲座、教学课件、练习题、测验、讨论区等。这些资源可以由教师创建或选择，也可以来自开放教育资源。在线学习平台具有灵活性、可重复利用、互动性强的优势。灵活性方面，学生可以根据自己的时间和进度安排学习，不必受实体教室的时间和地点限制；可重复利用方面，在线资源可以重复利用，不仅降低了教学成本，还减少了环境污染；互动性方面，学生可以在在线学习平台上参与讨论、提问、回答问题等互动活动，与教师和同学进行交流。

2. 实体教室

尽管在线学习平台在混合式教学环境中发挥着重要作用，但实体教室仍然是教学的重要组成部分。在实体教室中，教师可以面对面地与学生交流，观察学生的反应和表现，进行更直观的教学活动。此外，实体教室也可以用于进行小组活动，教师可以组织学生进行小组讨论，促进学生之间的交流和合作；对于某些需要进行实验或实践的课程，实体教室提供了更好的环境和设备；实体教室提供了学生与学生、学生与教师之间的情感交流机会，有利于建立良好的学习氛围。

3. 社交媒体

社交媒体在混合式教学环境中也扮演着重要角色。许多社交媒体平台都具有强大的交流和传播能力，可以用于教学过程中的以下方面。首先，教师可以通过社交媒体发布课程通知，提醒学生关注课程动态。其次，教师可以通过社交媒体发布作业，让学生更方便地获取作业信息。最后，教师可以在社交媒体上组织讨论和答疑活动，与学生进行更深入的交流。

4. 实时通信工具

在混合式教学环境中，实时通信工具也是必不可少的。例如，教师可以利用即时通信软件（如微信、QQ 等）与学生进行实时交流，解答疑问，提供指导等。此外，实时通信工具也可以用于组织在线会议和讨论，让学生能够更方便地参与远程学习活动。

5. 混合式学习设计

混合式学习设计是根据特定的教学目标和教学内容，结合学生的学习需求和特点，将在线学习和实体教室学习有机结合起来，以达到最优的教学效果。混合式学习设计实现了优化学习资源的匹配。根据教学目标和教学内容，选择和设计适合的在线学习资源，与实体教室的学习活动相配合。同时，混合式学习的方式具有多样性，可以采用自主学习、合作学习、探究学习等多种学习方式，以满足不同学生的学习需求和特点。混合式学习可以准确把握学习进度，根据学生的学习进度和表现，灵活调整学习计划和教学策略，确保学习质量。

6. 多样化教学方式

在混合式教学环境中，多种教学方式也是必不可少的。不同的教学方式可以适应不同的教学内容和学习需求。例如，教师可以利用多媒体资源进行直观的教学，也可以组织学生进行小组讨论和项目合作。

7. 灵活的学习模式

在混合式教学环境中，学生具备灵活的学习模式，能够根据不同的学习需求和学习环境进行调整。学习时间上，学生可以根据自己的时间安排学习进度，灵活选择学习时间；学习方式上，学生可以根据自己的学习特点和喜好，选择适合自己的学习方式，如自主学习、合作学习等；学习地点上，学生可以在实体教室、在线学习平台或者混合环境中进行学习，以满足不同的学习需求。

混合式教学是融合了在线学习和传统教室学习的教育方式，可以为学生提供更加灵活、更加个性化的学习环境。在混合式教学环境中，学生通过在线学习平台和实体教室相结合的方式获取知识和技能，也可以借助互动工具、学习资源和评价与反馈机制等多种方式提高学习效果。教师则通过提供指导、组织讨论和答疑等方式帮助学生解决问题。

二、协同学习环境

协同学习旨在让学生之间形成一个互相学习的集体，个体在学习过程中的探索、发现要与学习伙伴共享；个体在学习过程中的困难、失落，也能够获得学习伙伴的帮助。通过学生间平等、尊重、倾听的协同学习，增强学生个体的学习信心、学习水平、交流沟通等全方位的能力。高效的协同学习离不开适合的学习环境的支持，如果没有了支持的环境，学生的学习效果将会是低效、无序的。那么，如何为学生创设合适的高效协同学习环境呢?

1. 创设协同学习的客观条件

课堂是协同学习的主阵地。课堂环境会积极或消极地影响学生的学习。协作学习的课堂中学生的座位可以进行调整。在传统教室中，学生的座位往往是均匀地分布在教室中，这样的排列使学生的视线中心是教室正前方的黑板。而在协同学习的课堂中，更多的是需要学生与学生之间进行交流与互动，在互相学习和分享过程中不断提高自身的学习力，因此教室的座位可以安排U形或田字形，这样在组织学生学习的过程中，学生与学生之间的距离变近了，方便教师观察学生的学习情况，倾听学生的想法。

2. 创设协同学习的心理环境

课堂中的心理环境是指影响学生认知效率的师生心理互动环境，它是由学生心理环境、教师心理环境共同构成的。在协同学习的课堂上，师生、生生间平等、尊重的关系尤为重要，以此为前提所营造出的安全、舒适的心理环境会让师生都沉浸在学习之中。

3. 创设协同学习的制度环境

课堂中的制度环境是指影响学生参与学习活动的基础规则。对于初次接触协同学习的学生来说，合适的制度环境的建立尤为重要。课堂上要逐步与学生建立起共同的规章与约定，如遇到困难，先进行独立思考，解决不了的问题，学会求助，随时准备向同学学习；主动、积极地分享自己的发现，逻辑表述清晰；小组内沟通交流，学会倾听，不随意打断他人；认真记录小组同学的发言亮点……

协同学习制度环境的建立不是一朝一夕的事情。除课堂上的制度外，还可以与学生一起建立起日常学校学习生活的相关约定，比如定期进行个人学习单的展示以及小组集体成果的介绍；轮流让学生收集一些与学习内容相关的课外知识；定期让家长参与到学生课堂学习中来等。此类制度措施的制定，让学生不仅可以进行人与人之间的协作，还可以在不同资源、不同情境、人与事物之间进行全方位的协同。

在适合协同学习的环境中开展学习活动，每个学生都是主动的学习者、积极的分享者。所有个体的智慧交织在一起，形成了一层又一层递进式的学习收获，好比一首和谐进取的交响乐章。在这样的课堂中，教师的作用不在于传授，而在于赋能，赋予学生成就自己的能量。

三、创设智慧教学环境

智慧教学环境是一种依托数字化设备，准确感知学习场景、精准识别学习者特征、提供个性化合适的学习资源与便利的互动工具、自动记录学习过程和评测学习成果，以促进生成学习者有效学习的学习场所或活动空间。智慧学习环境是普通数字化学习环境的高端形态，是教育技术与教学融合发展的必然结果。

智慧教学环境的打造离不开以下几方面。

1. 智能的教学平台

智能教学平台是智慧教学环境的核心组成部分。平台利用先进的人工智能和大数据技术，为教学活动提供全方位的支持。包括学生管理、课程管理、教学资料库、在线测试与评估、学习进度跟踪等功能。智能教学平台促使教学更加高效，也为个性化教学提供了可能。

2. 丰富的学习资源

在智慧教学环境中，学习资源的形式多种多样，包括在线课程、教学视频、互动教材、拓展阅读等。这些资源能够满足不同学生的学习需求，为他们在课程之外提供更多的学习机会。此外，智慧教学环境还能根据学生的学习进度和需求，智能推荐适合的资源，帮助他们更好地掌握知识。

3. 个性化学习路径

智慧教学环境注重学生的个性化发展，根据每个学生的兴趣、能力和学习进度，制定个性化的学习路径。通过智能教学平台，学生可以按照自己的节奏学习，避免因学习压力而产生疲劳。教师也可以根据学生的个性化学习路径，为他们提供更具针对性的教学指导。

4. 实时监控与反馈

智慧教学环境通过实时监控学生的学习情况，为教师和学生提供及时的教学反馈，包括学生的学习进度、测试成绩、课堂参与度等。教师和学生可以根据这些反馈，适时调整教学和学习策略，提高教学效果。

5. 智能评估与诊断

智慧教学环境通过大数据分析和人工智能技术，对学生的学习情况进行智能评估和诊断。这可以帮助教师更好地了解学生的学习状况，发现他们的潜在问题并及时进行调整。同时，学生可以根据评估结果，明确自己的学习优势和不足，为进一步提高学习效果提供参考。

6. 便捷的互动交流

智慧教学环境为学生和教师提供了一个便捷的互动交流平台。在这个平台上，学生可以随时向教师提问，与同学进行讨论，分享学习心得。教师也可以通过这个平台，解答学生的问题，指导他们的学习，甚至进行在线教学和辅导。互动交流的便捷性有助于提高学生的学习积极性和参与度。

7. 沉浸式学习体验

智慧教学环境通过数字化技术和丰富的互动元素，为学生提供沉浸式的学习体验。例如，利用虚拟现实（VR）和增强现实（AR）技术，学生可以亲身体验历史事件、实验操作或复杂的数学模型，从而加深对知识的理解。此外，智慧教学环境还通过游戏化学习方式，使学习变得更加有趣和生动，提高学生的学习动力。

通过智能教学平台、丰富的学习资源、个性化学习路径、实时监控与反馈、智能评估与诊断、便捷的互动交流以及沉浸式学习体验，智慧教学环境能够为教师和学生提供更加智能、更加个性化和高效的教学环境，推动教育的发展和进步。

主题 3

把评价打开：
让每个学生看到独特而精彩的自己

评价是教育过程中的重要环节，可以为学生提供全面的、客观的、科学的数据和反馈，辅助教师了解学生的学习情况和需求，帮助学生认识自己的优点和不足，激发内在动力，促进自我认知和自我改进，从而让每个学生看到独特而精彩的自己。

一、场景化评价

场景化评价是指在不同的情境下，对学生的学习表现进行评价。这种评价方式旨在更准确地评估学生的综合素质，以及他们在不同情境下的应对能力和解决问题的能力。场景化评价有评价情境真实、评价方式多元、评价反馈实际、注重实际问题解决能力和强调团队合作能力等特点。

1. 评价情境真实

场景化评价基于实际情境，评价学生在各种真实场景下的表现，如小组讨论、实践活动、项目任务等。这样的评价方式可以更全面地反映学生的知识应用能力和解决实际问题的能力。

2. 评价方式多元

场景化评价采用多元化的评价方式，包括观察、交流、实践操作、作品展示等多种方式，以便更全面地了解学生在不同情境下的学习表现。

3. 评价反馈实际

场景化评价不仅关注学生的表现，更重视提供实际的反馈，引导学生认识到自己的优点和不足，并帮助他们找到改进的方法。同时，学生可以根据反馈，自我反思和修正，促进自我成长。

4. 注重实际问题解决能力

场景化评价注重评价学生解决问题的能力，包括分析问题、提出解决方案、实施方案和评估效果等能力。这样的评价方式有助于培养学生解决问题的能力，提高综合素质。

5. 强调团队合作能力

场景化评价通常以小组合作为主要形式，强调团队合作能力的重要性。通过评价小组成员之间的协作、沟通、领导和团队贡献等方面，可以培养学生的团队合作精神和合作能力。

二、数据精准化评价

数据精准化评价是通过采集和分析大量的学习数据，对学生的学习状况进行精细化的评估，为教师、学生和家长提供准确的反馈和指导。数据精准化评价的特点和实施方法如下。

1. 多维度的数据采集

数据精准化评价通过数字化设备采集多维度的数据，包括课堂表现、作业完成情况、测试成绩、互动交流等。利用大数据反映学生的学习状况，为精准化评价提供基础。

2. 基于数据的分析和评估

数据精准化评价利用数据挖掘和分析技术，对采集到的学习数据进行深入分析。通过分析学生的学习行为、学习成就、学习偏好等数据，生成学生的学习报告，为精准化评价提供支持。

3. 个性化的评价反馈

数据精准化评价根据每个学生的学习情况和个性特点，提供个性化的评价反馈。反馈包括学习成就、学习问题、学习建议等，帮助学生和家长了解学生的学习状况，引导学生改进学习方法，提高学习效果。

4. 实时化的精准干预

数据精准化评价不仅可以提供总结性的评价反馈，还可以根据学生的学习数据实时进行精准的教学干预。例如，通过数据分析发现课堂上某个学生在某一知识点的学习过程中出现问题，可以当堂即时进行干预和指导，帮助学生克服困难，提高学习效率。

5. 数据驱动的决策制定

数据精准化评价可以为教育决策者提供准确的数据支持，帮助决策者制定有针对性的教育政策和措施。同时，基于数据的评价也可以为教育资源的配置和优化提供参考，推动教育公平和质量的提升。

数据精准化评价通过多维度的数据采集、基于数据的分析和评估、个性化的评价反馈、实时化的学习干预和数据驱动的决策制定，为学生的全面发展提供科学精准的数字化成长记录。

三、主体多元化评价

主体多元化评价是指在评价过程中，引入不同的评价主体，包括教师、学生、同伴、家长等，从多个角度对学生的学习和成长进行综合评价。教师作为评价主体的重要组成部分，可以对学生的学术成绩、课堂表现、作业完成情况、测试成绩等多方面进行评价。

教师评价为学生提供全面的学习反馈，帮助学生了解自己的学习状况和需要改进的地方。学生自我评价是指学生根据自己的学习目标和标准，对自己的学习进行评估和反思。这种评价方式帮助学生进行自我分析，认识自己的优点和不足，培养学生自我认知和自我修正的能力。同伴评价是指同学之间相互进行评价，这种评价方式能够促进同学之间的交流和合作，增强学生的团队协作能力和社交技能。家长评价是指家长参与评价过程，对学生的学习和成长进行评价。家长评价可以提供另一个角度的反馈，帮助学生对自己的学习和成长有更全面的认识。这些评价方式从不同的方面和角度提供反馈，确保学生全面了解自己的学习和成长状况。

为了更好地落实主体多元化评价，要制定明确的评价标准和程序，确保评价的公正性和准确性。评价标准应该包括学术成绩、行为态度、素质素养等多个方面，评价程序应该包括评价材料的收集、分析、反馈等环节。

主体多元化评价可以提供全面、客观、科学的评价结果，帮助学生了解自己的优点和不足，提供个性化的指导和支持，促进学生的全面发展。

专题八
从"眼中有课"走向
"眼中有人"

　　教育者要更加关注学生发展、成长的趋势和学习体验，理解每个学生的独特需求和学习风格，包括提供个性化的学习支持、鼓励学生的自主学习和批判性思维、关注学生的兴趣和激情，努力创造一个有利于学生学习和成长的环境；更加注重培养学生的综合素养、创造力、批判性思维和问题解决能力。

主题 1

让关系成为第一学习力

一节好课需要生动，更需要深刻。对于学生来讲，生动意味着学习充满了乐趣，学生乐于去学习，体会到学习是一件快乐的事，且与教师保持着融洽的师生关系；而深刻则意味着学生注意力的专注，学生深入的思考，学生疑惑的产生，学生精彩的表达。

璇璇老师就是一位将生动与深刻相结合的数学教师。

璇璇老师有一个神奇的万宝囊，里面有各种各样充满神奇魔力的数学宝贝。

一副彩色的扑克牌，是她最爱的法宝。她巧妙地运用扑克牌上的图案和数字让学生理解了加法和减法的概念。鼓励学生亲自动手操作，通过将扑克牌合并、拆分，让学生直观地感受到数字的变化和加减法的运算过程，对于操作较慢的同学，她则参与到孩子的合并拆分中去，在动手的过程中不断鼓励孩子，勇于尝试，最终完成了操作任务。

一块简单的巧克力，也能变成她手中的法宝。她告诉学生手中的巧克力蕴藏着分数的奥秘，极大地引起了学生的兴趣。她用巧克力的分块来教授分数的概念，让学生亲自品尝并体验分数的变化。学生们通过分享、组合和比较巧克力的块数，不知不觉地掌握了分数的运用。

她还会用各种有趣的游戏来加深学生对几何形状的认识。在操场上上数学课，引导孩子们到操场上观察周围的环境，并找出各种形状的事物。学生们积极寻找并用手势模拟出发现的形状，进行大胆的猜测和判断。然后璇璇老师引导学生亲自动手，用绳子或者纸板制作各种形状，并展示给全班同学。通过这种亲身参与的方式，学生们在玩乐中学习，对几何形状有了更加深入的了解。

每节课持续的时间并不长，但让学生久久难忘。他们在璇璇老师的引导下，通过实践和互动，发现了数学的魔力。在学生眼中，数学不再是冷冰冰的公式和计算，而是充满乐趣和发现的奇妙世界。学生对数学的兴趣与热情空前高涨，他们开始主动提出问题，积极参与讨论。璇璇老师的课让学生意识到，数学并不是枯燥无味的，而是与生活密切相关、充满创造力的学科。学习不仅仅是为了应对考试，更是为了拓展思维，培养逻辑思维和解决问题的能力。

在当今的教育环境中，课堂关系的重要性越来越被重视。课堂关系包括教师与学生之间的互动关系、学生与学生之间的合作关系以及学生与学习环境之间的互动关系。这些关系健康与否直接影响着学生的学习状态和学习动力是否良好。良好的课堂关系有助于建立良好的学习氛围，激发学生的学习兴趣和学习动力，并提高学习成果。

一节好课可以通过良好的师生关系、生生关系，创新教学方法和生动有趣的内容，激发学生的学习兴趣和潜能。当教师能够用心灵与智慧引导学生，课堂就会充满魔力，让学生在知识的海洋中畅游，收获无穷的快乐与成长。

一、让孩子在爱上你的课堂之前，先爱上你

"真正的教师，在任何时候都应把自己置身于师生关系之中，活在师生关系中才是教师生命的本质。"师生能否和谐相处直接影响到教育教学的质量。只有教师活在对学生的关爱和期待之中，才能赢得学生的尊重；只有建立起师生相互尊重、平等博爱的关系后，才能实现教育教学成果的最大化。

没有良好的师生关系，优秀教师相当于普通教师；反之，有了良好的师生关系，普通教师相当于优秀教师。一节好课中，好的关系胜过许多教育。关系是教育的前提，有了良好的师生关系，教育才开始。冰冷的课堂不会有教学，不会有教育。好的课堂首先是关系的确立，是建立在情感基础上的。先确立关系，再实施教学，这既是理念也是方法，师生之间关系好了，结果自然就好了。课堂关系是学生与教师之间的相互作用，积极的课堂关系可以对学生的学习产生积极的影响。那么，如何让孩子爱上你进而爱上你的课堂呢？

1. 走进学生内心，获得学生认可

教师在课堂中扮演着至关重要的角色，他们不仅是知识的传授者，还是学生

学习的榜样和引导者。通过营造积极的课堂关系，让学生感受到来自老师的爱，可以帮助学生建立自信心、增强学习动力，并提高学习能力。

学生对教师及其教学爱屋及乌式的感情，常能成为其自我学习行为最强大而持久的引擎。大多数人有过这样的体验，当你喜欢某个教师，你就会自然而然地喜欢他（她）所教的那门学科。教师在学生心目中的地位常常会影响到他们的人生轨迹。每个教师都应以自己的爱心唤起学生对自己所教学科的兴趣，点燃对这门学科热爱的火花。

每个学生都有自己的学习风格和学习需求。教师应该努力了解每个学生的特点，运用赏识教育的原则，在课堂上给学生提供个体化的学习支持。当学生感到他们的声音被听到和重视时，他们更有动力参与到教学过程中，提高学习效果。学生积极参与学习也可以促进他们的思考能力和问题解决能力的发展。通过与教师的互动，学生可以提出问题、分享观点，并从中获得反馈和启发。这种积极的相互作用可以帮助学生更好地理解和应用所学知识。

2. 建立公平和包容的课堂环境

公平和包容的课堂环境是创造积极课堂关系的重要前提。一节好课，教师应该创造一个鼓励学生发表独立观点的环境，每个学生都应该感到他们的声音是有价值和受欢迎的。激励学生参与讨论，并从中展示和培养他们的思考和表达能力。此外，鼓励学生勇于提问也是培养他们批判性思维和求知欲的重要途径。通过提问，学生可以更深入地了解所学知识，激发更多的探索和思考。

"好的关系胜过许多教育"，作为新时代的教师一定要改变自己的观念，课堂上以表扬代替不必要的批评，努力去构建师生关系和谐的课堂，使孩子在轻松、温暖的氛围中产生源源不断的学习动力，也使教师慢慢感受到教育的幸福。

二、生生互动，与伙伴共成长

在当今的教育环境中，课堂关系的重要性越来越受到关注。关注的重点往往放在学生与教师之间的关系上，学生与学生之间的关系常常被忽视。然而，研究表明，学生与学生之间的关系对学习和发展尤为重要。

专题八 从"眼中有课"走向"眼中有人"

1. 接受和尊重他人的观点

这是建立积极课堂关系的关键因素之一。学生在课堂中应该学会欣赏他人的观点，并尊重这些观点的合理性和多样性。尊重他人观点的态度不仅有助于提升学生的沟通能力，还能够培养学生的批判性思维和自我反省能力。例如，学生可以通过与他人进行辩论和探讨，来丰富自己的知识和理解。

学生与学生之间的关系建设还涉及促进同理心和尊重多样性。培养学生的同理心可以让他们更加关注他人的感受和需求，与他人建立积极的情感联系。多样性是当今社会不可避免的现象，学生应该学会尊重他人的差异和多样性。教育者可以通过在课堂中引入多种文化和观点来促进同理心和尊重多样性。此外，教育者还可以鼓励学生展示自己独特的观点和才能，营造一个包容和多元的学习环境。

2. 积极参与课堂活动和讨论

通过积极参与课堂活动和讨论，学生能够更好地理解和应用课堂内容，加深对知识的理解。积极参与课堂活动和讨论还能够培养学生的合作能力和解决问题的能力。例如，学生可以与同伴合作，共同完成课堂任务和项目，并通过互相讨论和交流来促进彼此的学习。

学生之间的关系对学习动机和参与度有着密切的关系。当学生之间建立了良好的关系，他们更愿意积极参与课堂活动和学习过程。同伴之间的认同和支持能够激发学生的学习动力，还能够减少学习焦虑和抵触情绪。因此，教育者可以通过组织合作学习活动、创设团队项目等方式来鼓励学生之间互动和合作，进而提高他们学习的参与度。

3. 鼓励同伴并提供支持

这是一个建立相互关系的过程。学生可以通过鼓励和支持同伴的方式来建立积极的课堂关系。例如，当一个同学遇到困难时，其他同学可以提供帮助和支持，鼓励他们继续努力。这种互助精神能够增强学生之间的团结和凝聚力，使课堂成为一个同学之间互相帮助和共同成长的社区。

同伴的支持和合作对学生的发展至关重要。学生之间的互助和支持能够增强他们的自信心和自尊心，使他们更愿意参与学习活动。通过合作学习，学生能够共享想法和知识，互相帮助解决问题，从而提高学习成绩和效果。此外，同伴合作还能够培养学生的团队合作精神和领导能力，对他们未来的职业发展也有着积极影响。

总之，在课堂中学生应该担当起积极的角色，尊重他人的观点，积极参与课堂活动和讨论，鼓励同伴并提供支持。这些因素共同促进了课堂关系的建立，为学生的学习提供了良好的环境和条件。通过培养积极的课堂关系，学生能够更好地发展自己的学习能力，并取得更好的学习成果。协作学习、同伴支持和合作以及促进同理心和尊重多样性都是培养良好课堂关系的关键要素。在今后的教育实践中，教育者应该注重学生与学生之间关系的建设，创造一个积极互助、合作共赢的学习环境，从而让课堂关系成为提升学生学习力的重要驱动力。

主题 2

回归"童我"做教育

上学期在听一节一年级数学课的时候，有件事情对笔者触动很深。

一年级的孩子刚刚接触到看图列式，教师要求孩子首先认真观察图片，能把图片的意思说出来：图中左边有 2 个苹果，右边有 4 个苹果。教师问孩子们："根据这两个信息，谁能提出一个数学问题？"没一个学生举手，我环顾四周看见孩子们一个个都皱着眉头。教师又问："你们知道什么是数学问题吗？"孩子们异口同声地回答："不知道！""那你们知道什么是问题吗？""不知道！"原来孩子们连"问题"是什么都不知道，更不用说"数学问题"了。

站在成人立场，"问题"一词不需要做出解释，但是，站在儿童立场，"问题"一词是生疏的，是需要做出详细解释的。教师过度拔高的提问，超出了孩子们的知识范畴，真的是难为孩子们了！

专题八 从"眼中有课"走向"眼中有人"

"有一种冷是妈妈以为你冷，有一种会是教师以为你会。"看似是一句玩笑话，实质上关乎儿童立场问题，在教育上，它却不是一个小问题，而是个引人思考、令人深省和追问的大问题。

一、回归"童我"，以己度人

"教师常常站在成人自我而非童我的角度以及当下心智水平上思考、设计、实施教学，这容易导致老师以为教师的教就等于学生的学，以为自己懂的东西，学生也该懂，学生不懂就有问题，就是榆木脑瓜，这既蒙蔽了教师的心、眼，也阻断了师生对话。"冯卫东老师在《为真学而教》这本书的第一章《真学，从儿童立场出发》中写过这么一段话。

当读到冯老师的这段话时，"童我"一词引发了笔者的思考。站在大人的立场，一年级的知识很简单，可是站在一年级孩子的立场上，他们的理解能力有限，大人觉得再简单不过的知识，对于小小的孩子来说可能就是怎么都理解不了的大难题。那怎样才能让孩子在有限的知识水平和理解能力下学会应学的知识，这非常考验教师的教育方法。教师只有站在儿童的立场上，回归"童我"，才能更好地体会儿童的内心感受和学习体验，也才能有更好的教学效果。

回归"童我"，是指回归到对待教育的态度上，强调以孩子为中心，注重培养他们的个性和创造力，关注他们的身心健康和整体发展。在现代社会，由于教育制度的压力、家长和教师对分数的过高期望，课堂也变得过于功利，一味注重知识灌输。因此，回归"童我"就是要回归关爱孩子的初心，让教育回归到对孩子的真正需求上。

回归"童我"做教育，就是要站在孩子的立场思考、设计、实施教学，关注孩子的成长需求，把孩子放到课堂的中央，创造一个积极、愉快、有趣的学习环境，培养孩子的个性和创造力，让他们健康快乐地成长。

要想给学生上好一节课，教师首先当然要好好备课，不仅要备教材，还要备学生，了解学情，毕竟能给大人讲明白，不一定能给小孩子讲明白！如果按照成人的思维方式来给学生上课，教师在台上激情洋溢地讲解，认为已经把知识讲解得非常透彻了，觉得自己上了一堂非常精彩的课，心想孩子们应该掌握得很好吧，结果一提问才发现很多孩子一脸迷茫，整节课压根就没有跟上教师的思路，不懂教师在讲什么。教师这才发现，原来这么"精彩"的一节课也只是自己感动了自己而已，孩子们根本就不知所云。

对于教师来说，要适当隐退自己的兴趣，更多用儿童眼光看待儿童，了解儿童。让"童我"蕴含在每一个教学行为、环节乃至举手投足的教育细节中。从"童我"出发，让教师的教更好地帮助学生的学！

二、从"童我"出发，优化课堂建设

孩子们听不懂，有时候真的不能怪孩子，很有可能是教师讲的内容不够"童我"。要从"童我"出发，优化课堂建设，根据教学目标和学生需求，设计和改进课堂教学环境和内容，提高教学效果和学生参与度。

要想上好一节课，就要提前了解学生的学习兴趣、特点和需求，以孩子的发展水平为基础，设计教学活动。站在孩子的立场考虑，设立明确的教学目标，并相应地调整教学内容和活动，以确保教学活动能够与孩子的发展水平相匹配，使其更容易理解和接受。

课堂上要想办法激发学生的兴趣，设计有趣的学习活动和引人入胜的教学内容等。教师可以运用多媒体、实物展示和互动游戏等方式，让学生参与其中，增强他们对课堂内容的关注度和积极性。并提供多元化的学习资源，利用现代技术和网络资源，提供丰富多样的学习资源。教师还可以利用教育软件、在线教学平台和多媒体教学工具等，为学生提供多样化的学习材料和资源，以满足不同学习需求和风格的学生。

教师要适应不同学习风格和能力的孩子，每个孩子都有自己的学习风格和能力。一种教学活动可能适合某些孩子，但对其他孩子可能不够有效。因此，课堂上教师应该采用多样化的教学策略和方法，以满足不同学习风格和能力的孩子的需求。例如，通过多媒体、小组合作、实践活动等方式，灵活地组织和安排教学环节，使每个孩子都能够参与并获得学习的机会。

课堂上营造良好的学习氛围，帮助学生积极参与课堂活动。教师可以采用鼓励、表扬和肯定的方式，激发学生的自信心和学习动力。通过小组合作和互动讨论，促进学生之间的合作和交流。引导学生主动参与，培养学生的主动学习能力，鼓励他们表达自己的观点和想法。教师可以利用讨论、案例分析和问题解决等方式，引导学生主动思考和探索课堂内容，培养他们的批判性思维和问题解决能力。

一节好课最重要的环节之一是及时反馈和评价，教师应该及时给予学生针对性的反馈和评价，帮助他们了解自己的学习进展，并指导他们在学习中改进和提高。同时，教师也可以通过学生的反馈和评价，了解到课堂教学的不足之处，进行及时的调整和改进。

在教育领域，越来越多的教师和教育者开始认识到，将孩子置于教学活动的中心是一种更有效的教学方法。从"童我"出发，优化课堂建设，站在孩子的立场去设计教学活动是一项挑战性的任务，需要教师综合考虑孩子的特点和需求，充分备课，在课堂上以创意和巧妙的方式满足他们的学习兴趣和发展需求。这样的教学活动可以提高课堂教学的质量和效果，会激发孩子们的学习热情，提升学生的学习兴趣和参与度，使他们更好地理解和应用所学知识，促进他们的全面成长。

主题 3

允许学生表达真实的自己

有一次在组织学生做练习的时候，有这样一道题：用给出的 1~4 的数字，表达出对所给的 4 种蔬菜的喜爱之情。4 表示非常喜欢，3 表示喜欢……数字越大，表达的喜欢程度更高。孩子们很快写完了，询问几个同学的填写结果，发现孩子们能够明白这道题的意思：数字越大，表示越喜欢，最不喜欢的就用最小的数字表示。

快要下课的时候，我就沿用这道题的方式，让孩子们自己写出本学期所学的科目，并用 0~10 这几个数字来表达对这些课程的喜爱程度。一是通过这个调查统计，了解孩子们对所学课程的兴趣度如何，二是练习一下孩子们的汉字和拼音的学习情况。

从同学们的反馈来看，他们把科学课、阅读课、音乐课、体育课等这些所有的课程都写了出来，几乎所有的孩子对学习都是感兴趣的，每门课程都是标的10，偶尔的课程后边是9。就在这时，我发现有一个小男孩在"课后延时"（作业课）的后边写了个0，问他为什么标了0，他说不喜欢写作业。这是孩子内心真正的想法。我很欣赏这个孩子，敢于说真话，能表达真实的自己。然后有几个同学站出来说"我喜欢作业课"，这时小男孩开始犹豫，想要拿笔去把0改成别的数字。我赶紧跟他说："没关系，每个人都有自己的喜好啊，这很正常，老师上学的时候也不喜欢写作业。但是你不喜欢作业，还能每次把作业都完成得这么好，说明你知道学习对你来说是重要的事情，你很棒哦！"这个小男孩点了点头，羞涩地笑了。

在传统教学模式下，学生在课堂上往往会因顾及老师和同学的观点，难以表达自己的真实想法和情感，甚至不少学生在课堂中出现假学行为，包括虚假回答问题、盲目跟读等，这种现象影响了学生的学习效果和个人发展，需要引起重视。

课堂上，应该鼓励孩子们说真话，真实表达自己，这样教师才能更清晰地认识到问题。即便是与教师处在对立面的话语，也应当思考一下，这样才可以更好地了解学生的学习需求和问题所在，从而采取有针对性的教学方法，提高他们的学习效果和积极性。同时，培养学生真实的表达能力也有助于他们的个人发展和自我认知。

一、杜绝假学现象，表达真实自我

在课堂上，学生往往面临着各种认同和接受的压力，因此很容易忽视或隐藏自己的真实想法和情感。在这种情境下，一些孩子会说出言不由衷的话以迎合他人的期待或追求表面上的成功。然而，这种假学现象并不能真正满足学生的内在需求，反而可能导致自我认同的缺失和学习动力的减弱。因此，一个好的课堂，建立积极、健康的学习氛围，允许学生表达真实的自我是非常重要的。

专题八 从"眼中有课"走向"眼中有人"

为了让学生真实地表达自己，教师应该创造一个宽松和包容的课堂环境，让学生感到安全和自由，以便他们敢于表达自己的观点和想法。教师可以鼓励学生参与讨论，倾听并尊重他们的意见，同时避免批评和评判。此外，教师还可以通过组织小组活动和互动讨论等方式促进学生之间的交流和合作，从而培养学生的自信，促使他们积极参与。

在一节道德与法治课上，讲到 A 同学积极倡导并参与垃圾分类，教师让学生用一个词来形容 A 同学，有的学生说"细心"，有的学生说"热心"。这时教师没有直接说"负责"这个词，而是慢慢引导："大家能感受到 A 同学的细心和热心，太棒了！那为什么 A 同学会这么细心和热心呢？"这样，再由学生自己得出答案。

其实细心和热心都是负责的一种表现，学生先感受到外在表现是很正常的，而负责需要从对外在表现的感受中提炼得出。在课堂上，教师要学会给学生"留白"，不要急于将正确答案告诉学生，让学生被动接受，而是要尊重学生的真实感受，真正的教学是要清楚地看着学生从此岸走到彼岸，而不是教师"生拉硬拽"直接把学生带到彼岸。

除了课堂氛围的营造，互动和合作的学习机会也是学生表达真实自我的重要途径。教师可以设计各种教学活动，如小组讨论、角色扮演等，鼓励学生积极参与，并分享他们的观点和经验。这样一来，学生可以通过相互交流和合作，更好地理解和接受他人的观点，同时能够更真实地表达自己的想法和感受。此外，教师还可以提供学习资源和工具，如在线论坛和博客等，让学生有更广泛的机会展示他们的才华和个性。

在评估学生学习情况时，也应该采用多元化和个性化的评估方式，以真实地了解学生的表达能力和发展情况。传统的答题和考试方式往往无法准确反映学生的真实水平和能力。因此，教师可以采用多种评估方法，如口头演讲、写作任务、项目展示等，允许学生以不同的方式表达自己。此外，还可以注重学生的个性化评估，根据学生的兴趣和特长，在评价中更加关注他们的个人发展和成长。

教师还可以通过一些活动和讨论来激发学生对自己的认知和理解，让他们明白自己的特点、兴趣。这样，学生就能更加清楚地认识自己想要表达的观点和想法，从而更真实地表达自己。同时，教师还应该给予学生足够的肯定和鼓励，帮助他们建立自信心，敢于在课堂上展示自己，并敢于表达异议和不同的观点。

每个学生都具有独特的思维方式、兴趣爱好和学习风格。一节好课，教师应该鼓励学生发表不同的观点和对问题的独特思考方式。教师要给予学生充分自由的表达空间，让他们可以展示自己独特的特点和能力，得到他人的认可和尊重。这种开放的环境将激发学生的创造力和创新思维，为他们的个性发展提供更多的机会，这样可以促进学生真实地表达自己，并杜绝假学现象。作为教育工作者，应该不断探索新的教学方法和策略，以满足学生的需求，并培养学生自信、独立、真实地面对学习的能力。

二、让学生在课堂上"大声表达"

不知道是不是每个班级都存在这样的情况，在课上请同学起来回答问题的时候，很多学生的发言声音很小，除了身边的同学几乎没人能听见。那是因为学生被教师点名叫起来回答问题时紧张、不会，所以不敢发声？学生之所以不愿意表达，可能是因为下面几方面的原因。

第一，没有表达机会。如果教师的课堂是满堂灌的，那么学生自然不可能有表达的机会。要知道，表达是一种能力，而这种能力是需要训练的，有了大量的实践才能得到提升。

第二，怕错。怕错是因为身边的容错环境不够友好。或许在曾经的表达经历中，学生因为自己不够准确或者不够令人满意的表达而遭到过不好的反馈，自然会将刚刚萌生的表达自信和表达欲小心翼翼地收藏起来。你再想让他把自己表达出来，自然难上加难。

第三，不自信。身边的环境、环境中的人，对他们没有表现出认可和鼓励，长期处在被否定、打压环境中的人，自然是不自信的，他们不敢相信自己可以正确。这种不自信就会在某些场合无限放大、特别突出。

那么作为教师，怎么做才能让学生愿意在课堂上表达，且敢于大声表达真实的自己呢？

专题八 从"眼中有课"走向"眼中有人"

1. 教师的声音要"少"：批评的声音少，灌输的语言少

面对课堂上回答问题总是很小声音的学生，教师有时也会着急上火，一着急就会忍不住提高音量。但这样的结果往往适得其反，学生不但声音不会变大反而越来越小，甚至察觉到教师的不耐烦和生气后会更加不愿意表达。更不要用"能不能大声点儿""话都说不清楚"这样带有指责、否定的语言，否则学生更加会以沉默反馈你的责备。

反之，教师自己放缓语气、语音、语调，营造一个舒适、自由、安全的表达环境。可以采取故意自己降低音量的方式，吸引全班的耳朵，环境安静了，学生的声音也会自然更清晰。故意把自己的声音变小，再用小小的声音与学生互动，让学生放松心情，在别样的交流中明白发言要大声，还可以更大声一些（有点像英语中的"你大声，我小声"的游戏）。

把课堂更多地留给学生，把展示的空间更多地留给学生。课堂问题设计要由浅入深、循序渐进，突出阶梯性。让无论哪一个层次的学生都有机会参与到课堂中，并且越学越有劲。

课堂要有主问题（大问题）。能够让学生聚焦课堂主内容进行学习，带领学生进行能够引发学生更深入思考的问题。这样的问题一个学生往往无法解决，此时就可以开展小组讨论，议论纷纷必有所得，之后的表达自然水到渠成。

多进行学生展示的活动安排，比如课前三分钟展示，可以演讲、朗诵、才艺表演；故事分享会；推荐一本好书；等等。

2. 教师的声音要"大"：夸奖的声音要大，鼓励的声音要大

"同学们，先把掌声送给他，告诉他，我们都想听他说。"

"同学们，请转过头，把你们专注的目光送给发言的同学。"

"你说得这么好，只让身边的同学听到，真是太可惜了……"

"说得真好，让更多的同学听到这样精彩的内容，可以吗？"

"我想×××也想听到你精彩的发言。"（×××为最角落的学生）

"你的回答简直说到了老师的心坎里，请把你的见解分享给更多同学，行吗？"

……

教师要富有热情、积极思考，打造学生能发出真实声音的课堂，要让孩子在课堂上学会"大声表达"，允许学生表达真实的自我。

主题 4

学会激励孩子是每个教师的必修课

接手这个新的班级，走进教室的第一眼，李老师便注意到了坐在教室窗边，那个据说不管教师有多少"武艺"，都能"刀枪不入"的学生小明。听以前的老师反馈，他的家长给他找了好多老师，都无法唤醒这颗沉睡的心灵。果然，刚上课 5 分钟，李老师就发现他开始神游，两眼望向窗外，傻傻地在笑，李老师大声咳嗽了两声，孩子们都立刻坐端正看着老师，只有他，继续沉浸在自己的世界里。

为了激励小明能认真听课，李老师为他量身定做了一套"攻略"。首先，从"攻心"开始，李老师给小明提供了一个能参与课堂回答问题的机会，当在老师的引导下，小明回答出了答案，李老师用极尽夸张的语气赞美他。那节课，他的脸上有了一种骄傲的笑容，是大家从未见到过的。那天晚上，他破天荒地把作业也完成了，并告诉李老师，这是他第一次主动完成作业。次日，李老师在课堂上再次给了他惊喜，当着所有人的面夸他主动完成作业，学生都在说千年难遇的事怎么就发生了？自此，他好像更骄傲和自信了。

接下来的日子里，李老师在课堂上经常会提问他，鼓励他回答问题。李老师向小明保证，只要小明认真听讲，并积极回答问题，就有机会获得额外的奖励分数或称赞。这种奖励激励让小明更加愿意参与课堂，也提高了他对课堂内容的兴趣。

其次，李老师还准备了一些有趣的学习材料来吸引小明的注意力。在课堂中使用多媒体，播放相关视频或展示有趣的图片，与小明共同探讨和分析。李老师还尝试将课堂内容与现实生活联系起来，通过举例子等方式让小明更易于理解和接受课堂知识。此外，李老师还组织了一些小组讨论和合作学习的活动。将学生分成小组，并给予每个小组一个任务。特意任命小明作为组长，带领小组成员一起完成任务。这样做不仅让小明承担起责任，还培养了小明在课堂上与同学互相学习和合作的意识。李老师鼓励小组分享他们的讨论成果或发现，并通过赞扬和奖励激励小组取得好的成绩。

通过李老师的努力，小明逐渐意识到课堂学习的重要性，并开始认真听课，这颗沉睡的心灵终于被唤醒了，他的表现和成绩都有了明显的提高。李老师的激励方法不仅帮助了小明，还影响了其他学生，使整个课堂变得更加积极和活跃。

激励对于教师来说是一门必修课，因为它在教育中起到重要的作用。激励可以帮助教师激发学生的学习兴趣和动力。当学生感到自己的努力和成果得到认可和重视时，他们更愿意投入学习中，进而获得更好的成绩。激励可以促使学生自我约束和自我调节。通过给予学生目标和奖励，教师可以帮助他们建立目标导向的学习习惯和自我激励机制。学生会更加关注学习过程中的成长和进步，而不仅仅是为了达到外在的奖励而学习。

一、课堂激励讲策略

激励孩子是教师工作中的重要方面，教师在课堂上的激励方式和策略对于孩子的学习和发展起着重要作用。在激励孩子的过程中，教师可能会面临各种挑战和问题，比如某些孩子可能对学习缺乏兴趣或动力，导致他们不愿意参与学习活动；还有一些孩子可能对自己的能力缺乏自信心，害怕尝试新的事物或接受挑战等。为了解决激励孩子时可能遇到的挑战和问题，教师可以采取以下方法和建议。

1. 个性化激励

了解每个学生的兴趣爱好、学习风格和能力水平，并为每位学生制定个性化的激励计划。这可以提高学生的参与度和学习效果。当教师能够根据孩子的兴趣、需要和能力来激励他们时，孩子会感到被重视和理解，会对学习产生更积极的态度。这些正面的激励经验对孩子的自尊心、自我效能感和情绪调节能力的发展都起着积极的影响。

2. 建立良好的师生关系

与学生建立积极、支持和尊重的关系是激励孩子的关键。教师可以倾听学生的想法和意见，鼓励他们分享自己的观点，并给予他们认可和赞赏。当教师能够有效地激励和奖励学生时，学生会感到被关心和支持。这种积极的关系会促进学生与教师之间的互动和沟通，增强班级的凝聚力和学生的归属感。

3. 创造积极的学习环境

营造一个积极、鼓励和支持的学习环境，激发学生对学习的兴趣和动力。教师可以使用游戏、竞赛等活动激发学生的参与热情，并提供实时反馈和奖励。

4. 培养学习目标和自信心

帮助学生设定明确的学习目标，并提供具体的目标达成路径和支持。同时，鼓励学生尝试新的事物，接受挑战，从错误中学习，并培养他们的自信心。

激励与教育密不可分，是教师实施有效教育的重要手段之一。激励可以激发学生对知识的兴趣和好奇心。当学生对知识产生浓厚的兴趣时，他们会更加主动地积极参与学习，从而更好地理解和掌握学科内容。激励可以帮助教师创造积极的教育环境。通过给予学生正面的反馈和奖励，教师可以建立一个支持和鼓励的学习氛围，使学生愿意尝试新的学习方法和挑战自己，促进他们的学习效果提升和全面发展。激励还可以培养学生的自主性和责任感。通过鼓励学生自主制定学习目标和计划，并给予适当的奖励和反馈，教师可以激发学生独立思考和解决问题的能力，培养他们的自主学习能力和负责任的态度。

二、教师会激励，学生更优秀

倪萍在《我的老师是姥姥》一书中说："别不舍得夸孩子，芝麻夸着夸着就成西瓜了。""把芝麻夸成西瓜"这一说法让笔者想到了之前读的管建刚老师的《一线表扬学》，看来许多名师的观点是有异曲同工之妙的，也说明这确实是遵循着儿童学习规律，也是可复制并且有切实之效的方法。

教育要通过激励来唤醒和鼓舞学生，课堂是教育的主阵地，教师要使用激励的手段、赏识的眼光和心态去捕捉赏识的时机和对象，走进学生的心灵，从而达到唤醒和鼓舞学生的目的。

1. 尊重学生人格，赢得学生喜爱

教师在课堂上要从内心深处尊重、激励、欣赏每一位学生，包括自己不喜欢的学生，通过激励和赏识与学生建立新型的师生关系，形成良性的教学场，使孩子们在一种愉悦、宽松、自信的气氛中思考和学习，并以此来培养学生敢于参与、敢于质疑、敢于争论的意识，培植学生个性化思维和情趣。

要抓好教学工作，必须注重学困生转化。班里的学困生，有的活泼，有的内向，但他们的共同点就是容易自卑。"亲其师，信其道"，笔者的教育方法就是在课堂上运用"赏识教育"，从打开他们的心门开始。笔者认真分析班内学生的特点，根据赏识教育的原则，适时地在上课过程中加以关注和关心，尤其是学困生，在与他们共同学习的过程中，及时发现他们的闪光点并加以肯定。慢慢地，学生们乐于与老师交朋友了，上课时注意力渐渐集中不开小差儿了，作业交得也及时了，书写也工整多了。

2. 推广激励机制，激发学习兴趣

兴趣是最好的老师。要想激发学生的课堂学习兴趣，最主要的方式就是让学生有权利选择自己喜欢的主题。但并不是说五花八门什么都可以，而是基于本节课所学习的大主题，学生可以有自己的想法。比如写作课中的主题是运动，喜欢足球的孩子就可以介绍足球，喜欢跑步的孩子就可以说一说跑步的乐趣。除此之外，还可以让学生以不同的形式呈现信息，比如喜欢画画的孩子就可以做海报，喜欢电子产品的学生可以制作 PPT。但前提是，作为教师，要足够了解自己的学生以及他们的喜好。这样才能更好地结合所学以及学生的喜好来设计课堂活动。

激励的使用也要做到"因材施教"，课堂上对不同层次和不同性格的学生要注意采用不同的激励方法，进行不同程度的激励。比如有些性格内向的学生平时不怎么发言，他们一旦发言，就要好好激励，这是激励其态度和信心；对于经常举手发言的学生要发现其亮点再予以激励，这是激励其思维或成果；而对于喜欢"出风头"的学生，则轻易不要激励，要让他明白课堂是严肃的，课堂发言是要经过仔细思考的，避免随意发言。

3. 探究小组合作，促进共同进步

一个人的力量是有限的，而集体的力量是无限的。把全班同学按成绩分成小组，课堂上组长按照教师的要求，组织本组同学进行讨论交流，尤其是辅导学困生，课堂提问遵循"先抢先答，末位优先的原则"，当堂结束对课堂表现优胜小组进行鼓励。

充分利用小组内的学生互动评价激励，通过互动评价可以让学生在合作学习中充分地展示其思维过程，修补思维过程的漏洞和缺陷，达到相互促进、共同提高的目的。再者，让学生把自己的思维成果展示出来，让学生说出来、写出来、演示出来。成果展示可以让学生体验成功的乐趣，提高自信度，为提高兴趣和激励探索积蓄动能，还可以通过交流起到优化成果、取长补短、共同学习提高的作用。成果展示是对学生最高的奖赏，是最有效的激励法，这样在课堂上学生都有事可做，不仅可以提高他们的学习成绩，还可以减轻教师的负担。这不是什么创新的办法，却是行之有效的方法。

学会激励孩子是每个教师的必修课。教师应该不断提升自己的激励能力，学习并运用各种有效的激励策略来满足孩子的需求，提升他们的学习动机和学习成就。此外，教育体系和学校管理者也应该提供支持，为教师提供专业发展的机会和资源，帮助他们提升激励孩子的能力和技巧。

主题 5

上出有价值的"玩耍课"

一、什么是"玩耍课"

"玩耍课"是一种创新的教育方式，旨在以玩耍为主导，通过游戏和娱乐的方式来提供知识和培养技能。这种课程旨在让学生放松身心，享受学习的过程，

専题八 从"眼中有课"走向"眼中有人"

并在玩耍中获得知识和经验。玩耍课可以有很多形式，根据不同的年龄和兴趣爱好，可以选择各种不同类型的活动，如户外运动、小组游戏、手工制作、戏剧表演等。这些活动可以帮助学生发展社交技能、团队合作能力、创造力和问题解决能力。

入秋后，一直想带孩子们去上一节感受秋天的户外玩耍课，筹划再三，在一个晴朗的下午，带着孩子们走进了学校旁边的公园。孩子们主动要求拿篮子（装树叶），带上出发的歌谣，顺手拿了一个沙包。

户外活动变数会很多，但又有什么不好呢！

孩子们开始沿路捡形状各异、颜色不同的叶子。在户外，孩子们总能发现好多成人的眼睛看不到的东西：

路边一只金色的毛毛虫、一群小蚂蚁、小蝴蝶，还有小蜜蜂……发现一个像风车一样的树叶，一阵惊喜，感觉收获了一个举世无双的宝贝。

看见一棵小小的蒲公英，孩子趴下来小心翼翼地把它的种子吹散了，再放眼望去，草坪里有好多小小的蒲公英啊！平时怎么没有发现呢？孩子的感官是开放的吧，所以能感受到来自大自然的欢乐。

经过乒乓球场，里面一群身体健朗的老年人在打球，停下来观看两分钟。到达一片空旷的草坪，和孩子们在草地上游戏，尽情享受户外活动的快乐。

接下来，每个孩子在草坪边用捡来的树叶做风铃，这可不是个简单的活儿，要讲究平衡，要缠绕，要打结。通过手的工作，将意志力带入孩子的身体中去。

一些耐心不足的孩子将手头的工作一次次放下，又一次次捡起，看到别人做了漂亮的风铃出来，通过不懈努力还真的在最后完成了自己的作品。

回来后，又吟诵起了曾经学过的关于秋天的诗，感觉孩子们唱出来的味道就不一样了。以后这些诗里会带着刚刚孩子们看见的活泼的图景吗？语言的背后是什么呢？语言又有哪些意义呢？

一节玩耍课，孩子看到了什么？又感受到了什么呢？

二、如何上有价值的"玩耍课"

在玩耍课中，教师通常会起到引导和监督的角色，他们会设计具有教育目标的游戏和活动，并引导学生通过参与这些活动来获取知识和经验。同时，教师还会关注学生的兴趣和需求，并根据他们的反馈进行调整和改进。玩耍课的目的不仅仅是传授知识，更重要的是培养学生的学习兴趣和学习能力。通过玩耍课，学生可以在轻松、愉快的氛围中积极参与学习，激发他们的学习动力和提高学习成效。此外，玩耍课也能够帮助学生增强身体素质，提高注意力和专注力，促进综合素质的全面发展。

要上好玩耍课，可以按照以下步骤进行。

第一步，设定目标：确定想要在玩耍课上实现的目标和学生需要学习的内容。这可以是特定的知识点、技能或发展学生的某个方面能力。

第二步，确定活动：根据目标和学生的年龄、兴趣爱好等因素，选择适合的玩耍活动。确保活动能够激发学生的兴趣，并与学习目标相匹配。

第三步，准备材料：根据选择的活动，准备相关的材料和道具。确保材料的安全性和足够数量，以便所有学生能够积极参与。

第四步，规划课堂时间：根据活动的需要和时间限制，合理规划课堂的时间分配。确保每个活动环节都有足够的时间进行，并留出时间进行总结和反馈。

第五步，引导学生参与：设计一些团队玩耍活动，鼓励学生在团队中分工合作和解决问题，这可以增强他们的协作能力和团队合作精神。设计一些有挑战性的玩耍活动，让学生能够克服困难和迎接挑战，同时确保学生能够获得完成任务和达成目标的成就感。

第六步，评估学习成果：在课程结束后，进行学习成果的评估。引导学生进行反思，鼓励他们分享他们的想法、观察结果和体验，并思考他们从玩耍中学到了什么。可以通过观察学生的表现、听取学生的反馈或进行小组讨论等方式，了解学生通过玩耍课获得的知识和经验。

第七步，改进课程设计：根据评估结果，反思和改进课程设计。了解学生的需求和反馈，并根据他们的需要进行调整和改进，以提供更好的玩耍课体验。关键是保持活动的趣味性和参与性，通过创造一个积极、轻松愉快的学习环境，让学生在玩耍中享受学习的乐趣。

三、适合"玩耍"的课型

以下是一些利用游戏和互动的方式，教授学生各种技能和知识的有价值的"玩耍课"的课型。

创意游戏设计课：通过学习游戏设计和开发，学生可以培养创造力、问题解决能力和团队合作能力。他们可以设计自己的游戏，并学习游戏规则和机制。

音乐乐器课：学生可以学习演奏不同乐器，并通过演奏和合奏来培养乐感和创造力。这门课程可以提高学生的注意力、协调性和音乐表达能力。

剧本写作与表演课：通过学习剧本写作和表演技巧，学生可以提高口头表达能力、情感表达能力和团队合作能力。他们可以自己编写剧本，并进行表演。

建筑与设计课：学生可以学习建筑和设计的基本原理，通过建造模型和设计自己的项目来实践所学的知识。这门课程可以培养学生的创造力、空间感和问题解决能力。

科学实验课：通过进行有趣的科学实验，学生可以学习科学原理和实践科学方法。他们可以进行自己的实验，并观察和记录实验结果。

总的来说，有价值的"玩耍课"能够激发学生的兴趣、培养他们的技能，让学生享受学习的过程，同时提高他们的学习成果，并促进他们的综合能力发展。

后　记

　　在编写本书的过程中，编者借鉴和参考了国内外一些知名专家的著作和研究成果，引用了一些教师的案例和文章，在此向所有专家、教师致以衷心的感谢！受沟通渠道所限，我们未能与所有作者都取得联系。敬请相关作者与我们联系，电子邮箱：taolishuxi@126.com。

编　者